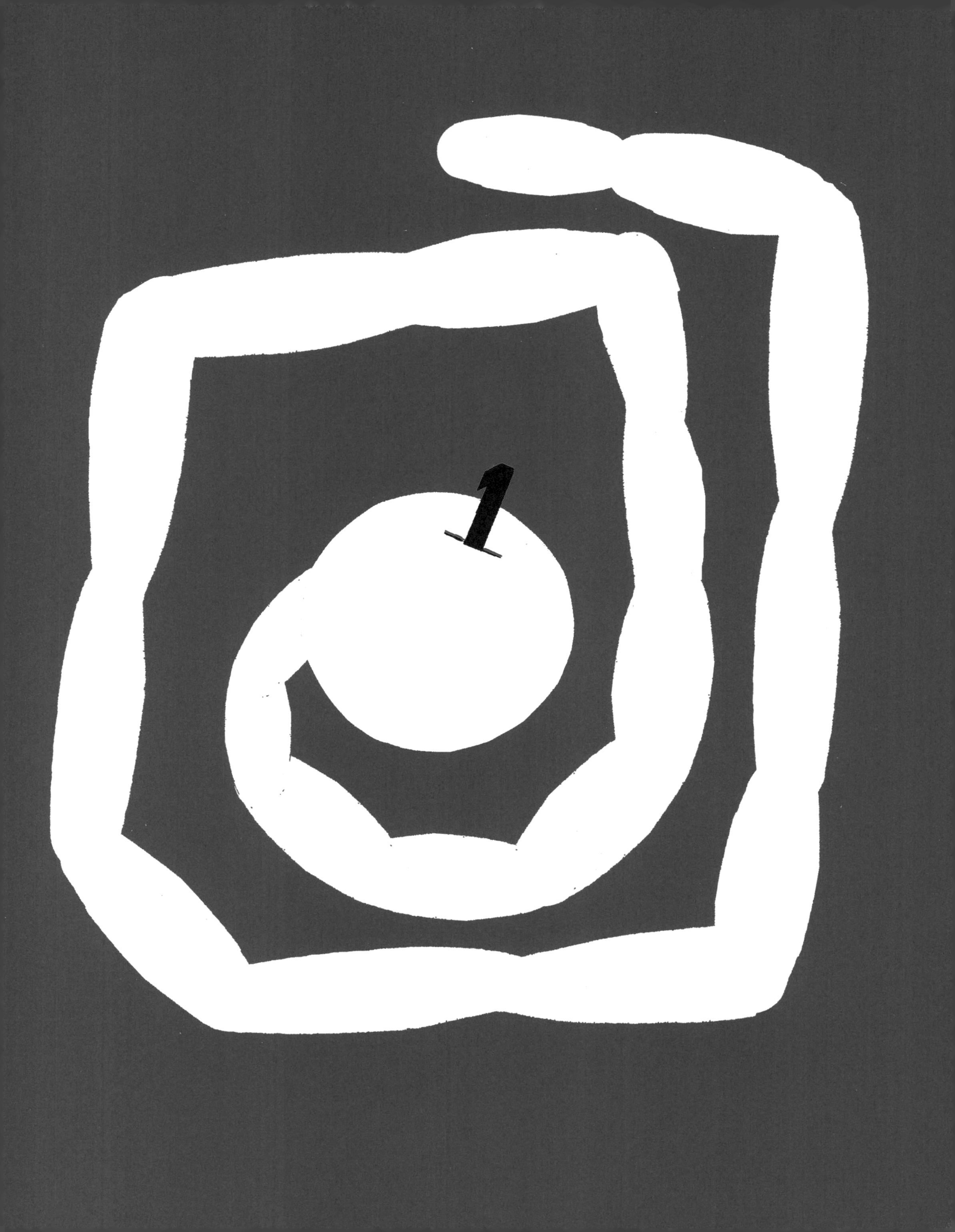

우리학교 어린이 교양
꿈틀꿈틀 마음이 열리는 뇌 과학

초판 1쇄 펴낸날 2024년 5월 24일

글 이자벨 미뇨스 마르틴스, 마리아 마누엘 페드로자
그림 마달레나 마토주
옮김 김용재
감수 윤정은
펴낸이 홍지연

편집 고영완 전희선 조어진 이수진 김신애
디자인 이정화 박태연 박해연 정든해
마케팅 강점원 최은 신종연 김가영 김동휘
경영지원 정상희 여주현

펴낸곳 (주)우리학교
출판등록 제313-2009-26호(2009년 1월 5일)
제조국 대한민국
주소 04029 서울시 마포구 동교로12안길 8
전화 02-6012-6094
팩스 02-6012-6092
홈페이지 www.woorischool.co.kr
이메일 woorischool@naver.com

ISBN 979-11-6755-261-7 73470

- 책값은 뒤표지에 적혀 있습니다.
- 잘못된 책은 구입한 곳에서 바꾸어 드립니다.
- KC 마크는 이 제품이 공통안전기준에 적합하였음을 의미합니다.

만든 사람들
편집 전희선
디자인 정든해

꿈틀꿈틀 마음이 열리는 뇌 과학

이자벨 미뇨스 마르틴스,
마리아 마누엘 페드로자 글

마달레나 마토주 그림

김용재 옮김

윤정은 감수

우리학교

찌릿! 꿈틀! 뇌 탐험에 초대합니다 --- 6

뇌 탐험을 위한 준비 운동 --- 9

감정 --- 19

나와 다른 사람들 --- 51

창의성 --- 71

미적 경험 --- 95

더 알고 싶다면

조금 다른 뇌 --- 121

좋은 컨디션 --- 129

동물의 뇌 --- 141

사실과 주장 --- 155

뇌의 역사 --- 167

뇌의 지도 --- 183

작가의 말 --- 204

참고 자료 --- 208

찌릿! 꿈틀! 뇌 탐험에 초대합니다

이 책은 '짝'이 있어요. 바로 『어린 산책자를 위한 자연·동물 도감(원서명: *Lá Fora*)』인데요, 세상의 '바깥쪽'을 다룬 책이에요. 포르투갈의 플라네타 탄제리나(Planeta Tangerina) 출판사가 만들고, 우리학교 출판사가 우리말로 펴냈어요.

바깥쪽과 짝을 이루는 책이니까 이 책은 '안쪽'에 관한 책이겠지요? 무엇에 관한 책일까요? 사람의 몸에 관한 것? 지구 핵의 비밀에 관한 것? 실내 활동에 관한 것? 모든 게 가능하지만, 그중 가장 멋진 걸 선택했지요. 바로 '뇌'에 관한 이야기예요! 생각하고, 기억하고, 감정을 느끼고, 배우고, 비교하고, 결정하는, 이 모든 일이 일어나는 뇌. 머리부터 발끝까지 몸과 마음을 찌릿찌릿 꿈틀꿈틀하게 만드는 뇌. 우리 머릿속 뇌를 쉽고 재미있게 만날 수 있도록 흥미진진한 이야기를 책 속에 가득 담았답니다.

이 책을 펼친 여러분은 크고 넓은 세계를 눈앞에 둔

탐험가와 같아요. 호기심과 열정은 가득하지만, 그 세계에서 어떤 일이 일어나고 있는지 잘 모르니까요. 뇌라는 무궁무진한 세계를 탐험하다 보면 우리가 상상했던 것보다 훨씬 더 다채로운 모습에 깜짝 놀라게 될 거예요. 뇌를 만나러 가는 여행은 미지의 세계로 떠나는 탐험이지요. 낯선 세계로 한 걸음씩 걸어 들어가는 것처럼 책장을 한 쪽씩 넘길 때마다 새로운 길을 찾아낼 수 있어요. 그렇게 찾아낸 길들로 나만의 뇌 탐험 지도를 만들어 보아요.

아무도 알아주지 않아도 묵묵히, 열심히 뇌에 관해 연구한 수많은 과학자 덕분에 이 책이 세상에 나올 수 있었지요. 이 자리를 빌려 그분들께 감사의 말을 전하고 싶어요. 자, 그럼 이제부터 찌릿찌릿 꿈틀꿈틀 뇌 탐험을 시작해 볼까요?

이 안에 뇌가 있어요.
모두들 머릿속에 있다고 하니까
우리는 그저 있다고 믿을 수밖에 없어요.

뇌 탐험을 위한 준비 운동

뇌는 다른 사람의 삶을 이해할 수 있게 해 줘요.
뇌 덕분에 지금 내 옆에 있는 친구의 삶도,
멀리 떨어져 있는 사람의 삶도,
먼 옛날 지구 반대편에서 살았던
누군가의 삶도 이해할 수 있어요.

아침부터 밤까지 뇌는 하루 종일
무슨 일이 일어날지 예측해요.

뇌는 끊임없이 몸과 이야기를 나눠요.
몸도 끊임없이 뇌와 이야기를 나눠요.

내가 겪어 온 일들은 나만의 경험이에요.
뇌는 내 경험을 기억하기 때문에
나의 뇌와 똑같은 뇌는 세상에 없어요.
그러니까 우리는 세상에서 단 하나뿐인 존재예요.

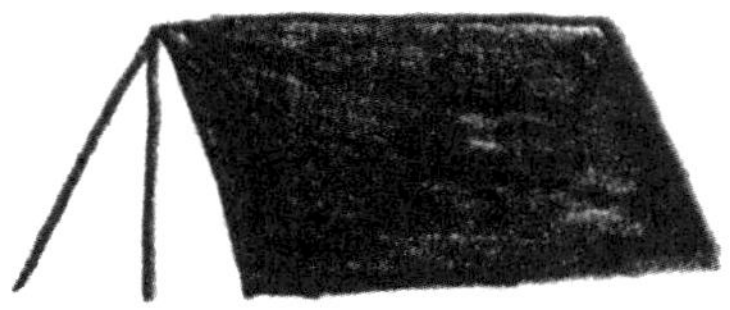

인간은 세상의 아주 작은 일부만 느낄 수 있어요.
그러나 저 밖엔 우리가 파악할 수 없는
보이지 않는 세계가 있어요.

감정은 우리 뇌가 인식하는 소중한 정보예요.
인식한다는 건 느낀다는 거예요.
(하지만 '인식'한다는 게 쉬운 건 아니에요.
마음의 신호를 잘 알아차려야 하니까요.)

무언가를 배우면 뇌는 변해요.
그런 배움의 기억이 쌓여 내가 만들어져요.

우리 뇌에서는 매 순간 싸움이 벌어져요.
지금 냉장고를 뒤질까, 아니면 과학책을 볼까?

점토를 빚듯이 우리의 의지대로 뇌를 만들 수 있어요.
삶의 모든 경험, 모든 친구, 모든 노래, 모든 책, 모든 도전이
뇌를 형성하는 데 도움이 됩니다.

감정

내가 느끼는 것에 대해

나는 무엇을 느끼나요?

내 감정을 생각해 본 적 있나요?

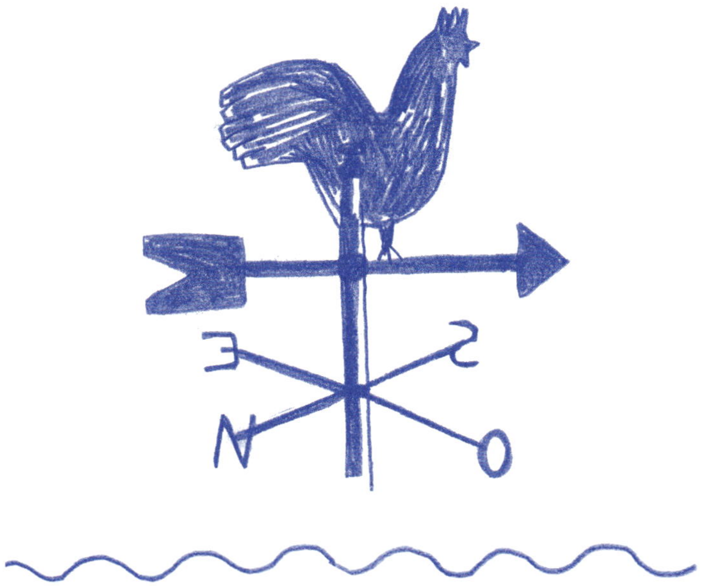

감정보다 더 흥미진진한 주제가 있을까요?

역사상 가장 위대한 철학자 중 한 사람인 데카르트는 인간이 생각할 수 있다는 점에서 동물과 다르다고 말했어요. 한편 우리는 감정이 있기 때문에 동물과 비슷하다고도 말했지요. 즉 데카르트는 한쪽에는 이성이, 다른 쪽에는 감정이 있다고 말했어요. 그리고 감정은 이성적인 생각을 방해한다고 여겼어요. 그렇다면 데카르트가 감정에 대해서 한 주장이 옳을까요?

20세기까지 사람들이 생각하던 것과 달리, 우리는 이제 감정이 어리석지 않다는 사실을 알고 있어요. 감정은 오히려 모험과 같은 일상에서 안내자 역할을 맡고 있지요. 두려움, 즐거움 또는 혐오감은 우리가 어떤 결정을 내리는 데 중요한 단서를 제공해요. 우리가 그저 생존하는 것에서 더 나아가 좀 더 행복하게 살아갈 수 있는 기회를 주지요. 그러니까 감정에 대한 데카르트의 주장이 옳지 않을 수도 있어요. 조금 이상하게 들릴 수도 있지만 과학은 동물도 생각과 감정이 있고, 동물이 느끼고 생각하는 것과 인간이 느끼고 생각하는 것은 많은 부분에서 비슷하다는 걸 증명하고 있어요.

이쪽으로 갈까,
아니면 저쪽으로 갈까?
감정은 우리가 가야 할
방향을 선택하는 데
도움을 주는 나침반과
같아요.

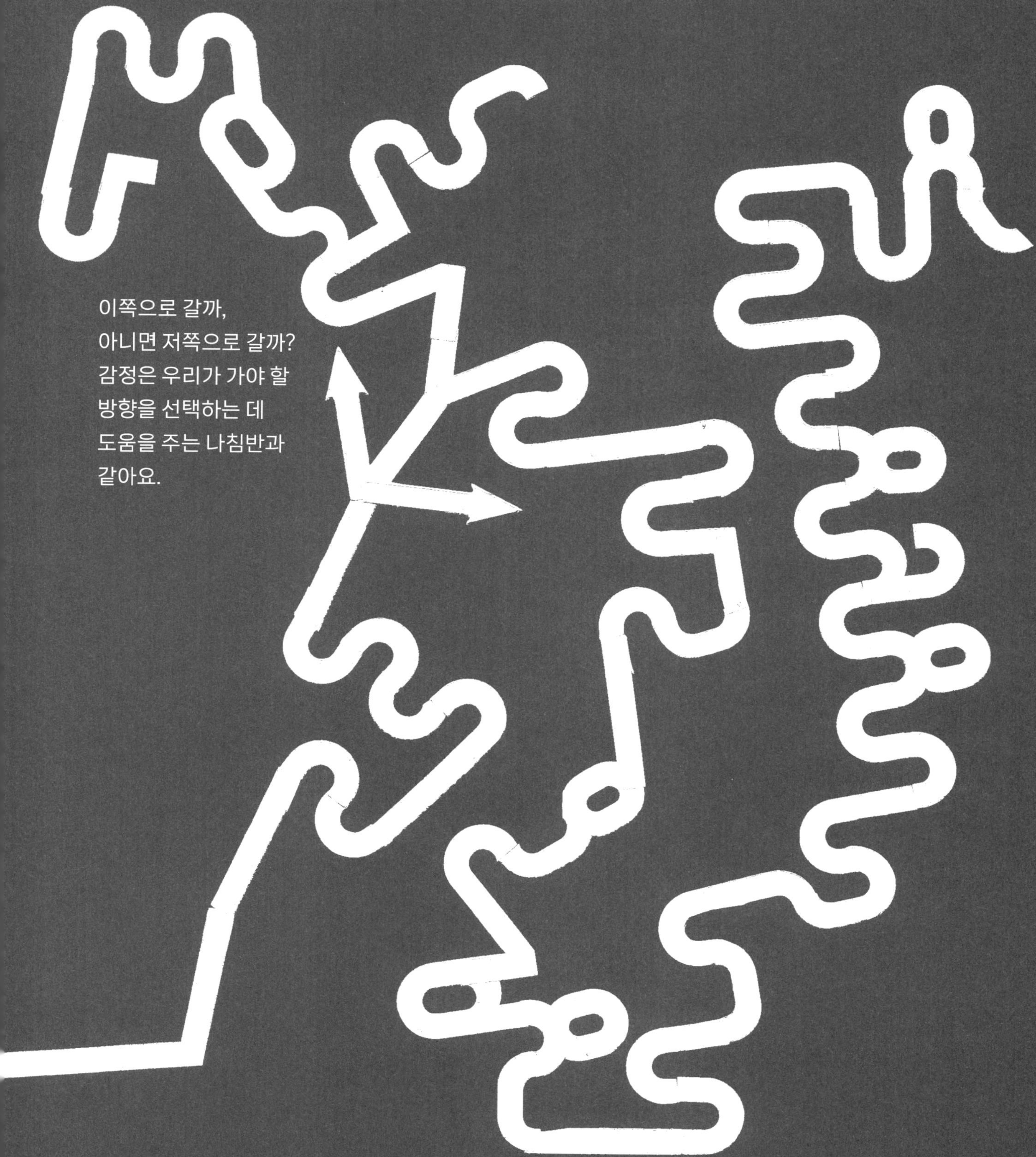

감정은 무엇이죠?

주변에서 일어나는 일은 우리 내부에서 반응을 일으켜요. 감정은 그런 반응의 표현이지요. 또한 감정은 우리 자신과 세상을 이해할 수 있게 해 줘요. 예를 들어 길을 가다가 어떤 상황에 맞닥뜨렸을 때 상황을 마주하거나 피하라고 충고해 줘요. 맞닥뜨린 것이 즐겁거나 기쁜 감정을 느끼게 하면 우리는 보통 앞으로 나아가 상황을 마주해요. 반대로 아프거나 싫은 감정을 느끼게 하면 우리는 뒤돌아 상황을 피해 버려요.

감정을 느끼면 알 수 있어요

우리는 놀라움, 기쁨 또는 수치심 같은 감정을 느껴요. '느낀다'고 말할 때는 정말로 느끼는 거예요. 왜냐하면 감정은 추상적인 것이 아니라 사람들의 얼굴과 몸에 나타나고 우리 몸에서도 느끼는 매우 구체적인 것이기 때문이지요. 예를 들어 우리는 두려움이나 분노와 같은 감정으로 인해 심장이 뛰고 호흡이 가빠지며, 얼굴색이 하얗거나 붉게 바뀌고, 손에 땀이 나거나 표정이 크게 바뀌기도 해요.

질문

무엇이 감정을 불러일으킬까요?

- 뭐 때문에 화가 날까요?
- 뭐 때문에 웃을까요?

감정일까요, 느낌일까요?

종종 우리는 두 단어를 동의어로 사용해요. 그러나 신경 과학자 안토니오 다마지오는 두 단어를 구별해서 사용해야 한다고 주장해요. 안토니오 다마지오에 따르면, 감정은 육체적인 경험으로 우리가 울고, 웃고, 얼굴을 붉히고, 뛰어가게 해 줘요. 감정은 우리 몸 안에서 매우 빠르게 생기고 다른 사람들도 그 감정을 읽을 수 있어요. 반면에 느낌은 우리 뇌가 그런 감정을 해석하는 방식을 말해요. 정신적인 경험이라고 할 수 있지요. 그래서 감정과는 달리 사람들이 우리의 느낌을 알아채는 게 쉽지 않을 수도 있어요.

뇌 어디에 감정이 있을까요?

각각의 감정은 뇌의 특정 영역과 관련이 있는 것으로 알려져 있어요. 예를 들어 편도체는 우리가 두려움을 느낄 때 더 활동적이에요. '뇌섬'이라고 불리는 영역은 역겹다고 느끼는 혐오감과 관련이 있고, 측좌핵으로 알려진 영역은 기쁠 때 활성화돼요. 그러나 때로 어떤 감정은 뇌 전체가 움직이고, 또 어떤 감정은 상호 연결된 여러 영역이 움직이기도 한답니다.

내 감정에 대한 생각

친구가 길에서 여러분을 만났는데 전혀 모르는 사람처럼 대하면서 갔다고 상상해 보세요. 손짓도, 눈길도 없이 말이에요. 그 순간 여러분은 엄청 화가 나서 이렇게 생각할 거예요. '바보 아냐, 나를 못 본 척하다니!' 하지만 나중에는 여러분이 화낸 것을 부끄러워할 수 있어요. 심지어 걱정까지 하며 이렇게 생각할 수도 있을 거예요. '그 친구에게 힘든 일이 있을지도 몰라.'

우리는 우리를 기분 좋게 해 주거나 기분 나쁘게 만드는 일이 얼마나 자주 일어나는지 알 수 없어요. 하지만 내가 느낀 감정에 대해 어떻게 생각하는지는 알 수 있어요. 예를 들면 갑자기 화낸 것에 대해 부끄럽게 생각하는 것처럼요. 그리고 마음 깊은 곳에서 우리 감정을 긍정적인 느낌으로 바꿀 수 있어요. 그게 바로 우리 기분을 긍정적으로 만들어 주고, 더 많이 배워 성장하게 이끌어 주는 초감정*이지요. 이렇게 우리가 느끼는 감정만큼 중요한 것이 초감정, 즉 감정에 대해 느끼는 감정이에요.

질문

초감정을 경험해 봐요.

과거의 일을 떠올려 보세요. 그때의 감정도 함께 떠오르면서 현재의 감정에 영향을 미쳐요.
눈을 가리고 무언가를 하면 무섭고 위험해요. 친구들이 눈을 가리고 스케이트보드를 타자고 했을 때, "안 탈래. 난 못해."라고 거절한 적이 있나요? 그때 느낀 무서운 감정을 지금 떠올리면 부끄러운가요? 아니면 위험한 일을 거절해서 자랑스러운가요?

* **초감정** 메타 감정이라고도 하는 초감정은 '감정에 대한 감정'으로, 자신이 느낀 감정에 대해 느끼는 생각을 말해요. 대표적인 예로 '자신이 화가 난다는 사실에 대한 슬픈 감정'이 있어요.

감정이 왜 필요할까요?

감정은 결정을 내리는 데 도움이 돼요

한번 상상해 보세요. 지금은 겨울이고, 학교에서 혼자 집으로 돌아오는데 이미 어두워졌어요. 밤늦게 돌아다니는 건 위험하니까 서둘러 가야 했어요. 그래서 사람이 별로 다니지 않는 지름길을 선택할지, 아니면 돌아가더라도 사람이 많이 다니는 밝은 길을 선택할지 결정해야 해요. 어떤 길로 가야 할지 모르겠다고요? 어쨌든 우리는 선택해야만 한답니다.

어떤 결정을 내릴 때 우리는 '미래를 예측'하게 해 주는 데이터를 늘 갖고 있지는 않아요. 그래서 우리는 감정을 이용해 선택하지요. 이를 직관에 따른다고 말하기도 해요. 예를 들어 앞에서처럼 두 개의 길이 놓여 있을 때 두려움이 길을 선택하는 데 결정적으로 작용하는 감정이 될 수도 있어요. 맞나요?

결정에 따라 결과가 달라져요

우리는 언제나 자신이 내리는 결정으로부터 결과를 얻어요. 그 결과가 좋은 일이었을까요, 나쁜 일이었을까요? 여러분은 그 결정으로 무엇을 얻었나요? 아니면 무엇을 잃었나요? 무엇을 배웠나요? 이를 교훈이라고 부르는 사람도 있지요.

우리가 의식적으로 하는 건 아니지만 우리의 뇌는 우리에게 일어난 일을 자동적으로 분류하고, 그때 얻은 경험과 정보를 저장해요. 그렇게 함으로써 그 정보가 우리 삶에 도움이 되도록 해 줘요.

우리는 경험을 하고, 경험의 결과를 거쳐 느끼는 감정에서 무언가를 배워요. 어둡고 사람이 드문 거리에서 우리는 분명 두려움을 느낄 거예요. 우리가 어느 쪽을 선택할지 결정을 내리는 데는 예전의 경험이 영향을 끼쳐요. 예를 들어 사람이 거의 없는 어두운 거리에서 두려움을 느껴 본 적이 있거나, 인적이 드문 길을 조심하라는 주의를 들은 경험이 작용할 수 있어요.

감정 나침반을 잃어버린 환자들

피니어스 게이지는 19세기에 살았던 미국 사람이에요. 철도 공사 현장의 감독이었는데, 성격이 온화하고 사려가 깊다고 자자했어요. 그러던 중 공사장에서 폭발 사고가 일어나 피니어스는 쇠막대기가 머리를 관통하는 큰 부상을 당했어요. 모두 죽을 거라고 생각했지만 피니어스는 살아났어요. 그러나 더 이상 사고를 당하기 이전처럼 성격 좋은 사람이 아니었어요. 매우 공격적인 사람으로 바뀌었지요.

그리고 약 150년이 지난 뒤에 신경 과학자 안토니오 다마지오의 연구 팀이 사고로 피니어스처럼 똑같은 뇌 부위를 다친 환자들을 연구했어요. 환자들은 이성적으로 생각할 수 있었고, 사회생활을 어떻게 해야 하는지도 알고 있었지만 다른 사람의 감정을 공감하지 못하고, 자신의 실수를 반성하거나 교훈을 얻지 못한다는 사실이 밝혀졌어요.

이 사례로 신경 과학자들은 사고를 당한 환자들이 결정을 내리도록 도와주는 뇌의 '감정 나침반'을 잃어버렸다는 결론을 내렸어요.

자, 여러분, 감정이 하나둘…… 몰려오고 있어요!

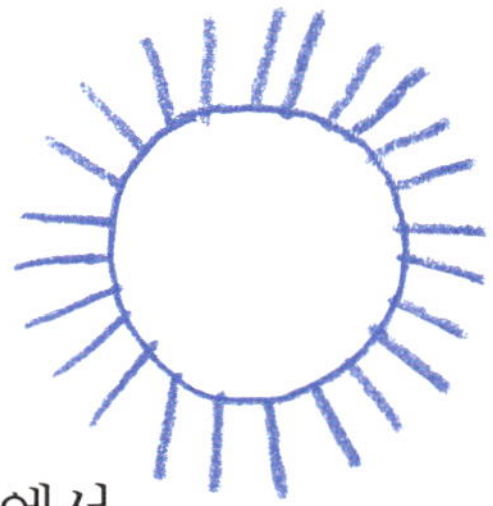

그저 행복하고 싶어요

'기쁨'과 '행복'은 우리가 어디서나 듣는 말이에요. 텔레비전에서, 잡지에서, 책에서, 어디에서든 좀 더 행복하게 살아가는 방법을 알려 주고 있어요. 왜 그토록 많은 곳에서 우리가 행복해지는 법을 알려 줄까요? 행복이 그렇게 중요한가요? 우리는 아주 큰 목소리로 "네!"라고 대답할 수 있어요.

행복은 우리가 자신감을 가지고 활기차게 살아가도록 이끌어 주는 엔진이에요. 장점만 갖고 있지요. 그런 이유로 우리 뇌는 '기쁨과 편안함'을 추구하는 체계를 갖추고 있어요. 왜냐하면 그런 감정들이 우리가 올바른 결정을 내리게 해 주고, 우리가 더 건강해지도록 도와주기 때문이에요.

무엇이 행복하게 만들어 줄까요?

유전적 요인: 과학자들은 유전자에 포함돼 있는 정보, 가족으로부터 물려받은 유전자 정보가 매우 중요하다고 생각해요.

과거의 경험: 우리가 과거에 부정적인 경험이나 긍정적인 경험을 했는지 안 했는지에 따라 달라져요.

회복 탄력성: 우리가 어려움을 대하는 방식과, 문제가 생겨도 행복해지려고 노력하는 자세에 달려 있어요.

도전

많은 사람이 행복이란, 사회에서 중요한 역할을 맡고, 사람들로부터 존경받고 사랑받는 거라고 생각해요.
하지만 사람마다 행복에 대해 다르게 생각할 수도 있고, 아니면 아예 생각해 본 적이 없을 수도 있어요.
여러분을 정말 행복하게 해 주는 것은 무엇인가요?
그리고 주변 사람들은 무엇에 행복을 느낄까요?

우리를 기분 좋게 만드는 일이 뇌 안에서 일어날까요?

기쁨이나 즐거움 같은 긍정적인 감정은 측좌핵을 활발하게 만들어요. 측좌핵은 뇌의 좌우에 신경들이 모여 있는 곳으로, 중요한 쾌락 중추 중 하나예요. 측좌핵이 없다면 우리는 살아가면서 공부나 어떤 일을 할 동기를 느끼지 못해요. 쾌락을 일으키는 부분이 뇌 속에 여러 개 있다면 얼마나 좋을까요?

쾌락 중추들이 제대로 활동하려면 도파민과 엔도르핀이라는 두 개의 신경 전달 물질이 작용해야 해요. 도파민은 우리의 보상 시스템을 활발하게 만들어요. 기쁨, 즐거움, 편안함을 느끼게 해 주지요. 그 효과가 큰 만큼 중독성이 강해서 계속 쾌락을 느끼고 싶어 해요. 그리고 엔도르핀은 천연 진통제예요. 몸이 아플 때 통증을 느끼지 못하게 하고, 도파민 분비도 늘려 주지요.

쾌락에 빠진 쥐

1950년대에 한 연구 팀이 쥐를 대상으로 뇌의 쾌락 중추를 발견하는 실험을 했어요. 쥐가 지렛대를 당길 때마다 뇌의 특정 영역을 전기로 자극한 거예요. 전기 자극을 받은 쥐는 기분이 좋아지는 반응을 보였어요.

그러자 쥐들은 지렛대 당기는 걸 멈추지 않았어요. 심지어 먹지도 않고 자지도 않고 당길 정도였어요. 과학자들은 쥐가 쾌락에 중독됐다는 결론을 내렸어요. 그리고 이 실험 결과로 사람들이 쾌락을 느끼는 담배, 마약, 알코올 같은 물질에 왜 중독되고, 심각한 문제를 일으키는지 더 잘 이해하게 됐어요.

행복을 좇는 시스템

뇌는 우리가 행복한 삶을 꾸려 가는 데 동기를 부여해요. 또 우리에게 안락함이라는 보상을 주는 시스템을 만들었어요.

예: 나는 행복하게 살고 싶어!

1. 친구들이 큰 소리로 웃는 모습을 봤어요.
2. 피질이 친구들의 웃음소리라는 자극을 받아요.
   우리는 과거의 경험으로 웃음이 기쁨을 준다는 걸 알아요.
3. 피질은 쾌락과 관련된 물질인 도파민을 내보내요.
4. 행복해지기 위해 동기가 부여되고, 우리는 친구들을 향해 달려가요!

이 시스템은 눈앞에서 일어나지 않은 상황에도 작동해요. 그 덕분에 우리가 달성하기 어려운 목표를 이루기 위해 계속 도전하고 노력하게 해 준답니다.

다음은 엔도르핀이 많이 분비되는 행동이에요.
초콜릿 먹기, 좋아하는 음악 듣기, 노래 부르기,
웃기, 춤추기, 마사지 받기, 포옹하기, 명상하기 등은
이미 그 효과가 증명됐지요.

그런데 우리는 왜 웃을까요?

웃음은 신경 과학에서 많이 연구되는 분야는 아니에요. 아마 사람들이 너무 많이 웃는다는 이유로 병원에 가지는 않기 때문일 거예요!

지금까지 알려진 사실은 웃음이 뇌의 여러 영역을 동시에 활발하게 움직이게 만든다는 거예요. 우리가 무언가에 커다란 재미를 느낄수록 더 많은 영역이 활발하게 움직이지요. 이때 앞에서 말한 뇌의 보상 시스템이 작동하기 때문에 우리는 친구들과 큰 소리로 웃고 떠드는 걸 좋아한답니다.

과학자들은 뇌전증*을 앓는 여자아이를 수술하다가 우연히 전두엽과 변연계* 사이에 큰 소리로 웃게 만드는 2제곱센티미터 크기의 영역이 있다는 사실을 발견했어요. 이 부위가 자극받을 때마다 여자아이는 재미있는 이야기를 들은 것처럼 크게 웃었어요.

이 부위에 이상이 생기면 세상에서 가장 재미있는 농담을 들어도 웃지 않을 거예요. 물론 원래부터 별로 웃지 않는 사람이 있긴 하지만요…….

질문

웃음은 심장을 튼튼하게 만들고, 면역력을 키워 줘요.
어떻게 하면 사람들을 웃게 만들 수 있을까요?
재미있는 농담을 친구들에게 들려주면 어때요?

***뇌전증** 뇌세포가 갑자기 이상을 일으켜 호흡 곤란, 전신 떨림, 기절 증상이 나타나는 병이에요.

*변연계는 감정 반응과 정서에 영향을 주고, 전두엽은 사회성 행동에 중요한 영향을 미쳐요.

두려워서 떨고 있나요?

기쁨과 즐거움의 반대편에는 또 다른 강한 감정이 있어요. 바로 두려움이에요. 우리가 어떤 위험을 느끼면 몸은 즉시 반응해요. 고슴도치처럼 털이 곤두서기도 해요. 또 심장이 빨라지고, 도망칠 경우에 대비해 빨리 달릴 수 있도록 다리에 더 많은 혈액을 공급하기도 해요.

질문

여러분이 일상에서 느끼는 위험에는 무엇이 있을까요?
무엇이 여러분을 두렵게 만드나요? 죽을 만큼 어렵고 힘든 일이 무엇인지 생각해 보세요.

누구는 "우리가 위험한 정글에 살고 있다!"라고 말해요.
길을 걷다가 '저 모퉁이를 돌면 어떤 위험이 닥칠까?' 하는 두려움을 느낀 적이 있나요?

왜 우리는 두려워할까요?

두려움은 우리를 보호하는 감정이에요. 두려움은 감각, 근육 및 호르몬과 연결된 편도체를 통해 뇌가 즉시 반응하게 만들어요. 그 결과, 마치 조각상처럼 우리 몸을 꼼짝 못 하게 하거나 도망치게, 아니면 공격하게 해요.

이 생존 시스템은 에너지 공급을 돕는 다양한 물질, 예를 들어 아드레날린*과 코르티솔* 분비를 바탕으로 이뤄져요. 인류 역사에서 배고픈 곰이나 무서운 뱀, 위험한 사람을 피할 수 있게 한 게 바로 이 시스템이랍니다.

두려움은 기본적으로 우리가 살아갈 수 있게 해 줘요. 만약 긴장하지 않고 마음이 풀어져서 산다면 우리는 3분 안에 죽을 수도 있어요. 예를 들어 자동차 사고를 당할까 봐 겁을 내는 건 좋은 일이에요. 약간의 두려움과 불안은 사고를 조심하고 예방하는 데 도움이 되니까요. 우리가 다치거나, 늦게 숙제를 제출하거나, 기차를 놓치는 불행한 일을 막아 줄 수도 있지요.

두려움을 떨쳐 버려야 할 때는?

물론 지나치게 두려워하는 것은 좋지 않아요. 또 잘못될까 봐 두려워하기만 하는 것도 좋지 않고요. 그런데 가끔 별로 위험하지도 않은데 두려워할 때가 있어요. 학교에서 시험을 보거나, 사람들 앞에서 연설할 때 두려움이 너무 커지면 상황이 복잡해질 수 있어요. 시험 문제가 1,000배나 더 어려워 보이거나, 앞에 앉아 있는 청중이 '1,000개의 눈을 가진 괴물'로 보이기도 한답니다.

***아드레날린** 우리가 운동할 때 우리를 각성시키는 호르몬이에요.

***코르티솔** 스트레스를 받았을 때 분비되는 호르몬이에요.

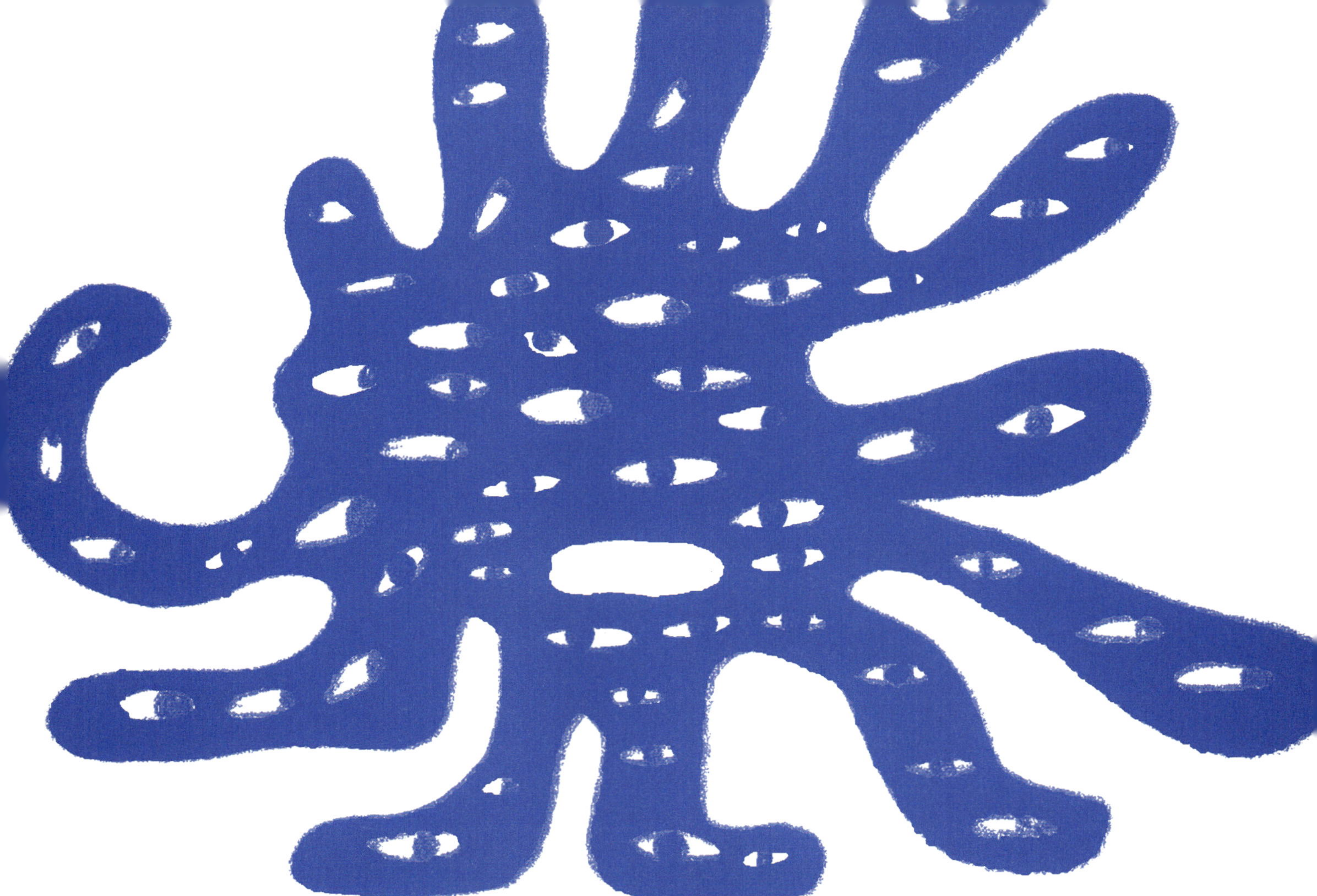

이렇게 두려움이 쓸데없이 앞설 때, 전두엽 피질(겉질)에 도움을 요청해서 침착해질 수 있어요. 두려운 상황에서 활성화되는 것은 편도체뿐만이 아니거든요. 전두엽 피질도 이런 상황을 지켜보고 있답니다. 마치 영화 전체를 보듯이 말이지요. 전두엽 피질을 통해 우리는 반사적인 행동을 진정시킬 수 있어요.

혹시 손에 땀이 나거나 걷잡을 수 없을 정도로 심장이 뛴 적이 있나요? 편도체가 너무 활동적이라서 불안함을 느끼는 거예요. 이럴 때는 운동을 해 보세요. 하루에 최소 30분 운동하면 도움이 될 거예요.

도전

키가 커지는 숨쉬기 운동

겁을 먹거나 긴장하면 근육이 수축해서 몸이 움츠러들어요.
그때는 눈을 감고 이렇게 생각해 보세요. '나는 잘할 수 있어, 또 충분히 자격이 있어!'
그런 다음 숨을 들이쉬고 내쉬어 봐요. 후 들이쉬고, 후 내쉬어요.
숨을 내쉴 때마다 몸 전체가 이완되면서 더 커져요.
키를 5센티미터 정도 키운다는 목표를 잡고 숨쉬기 운동을 해 볼까요?

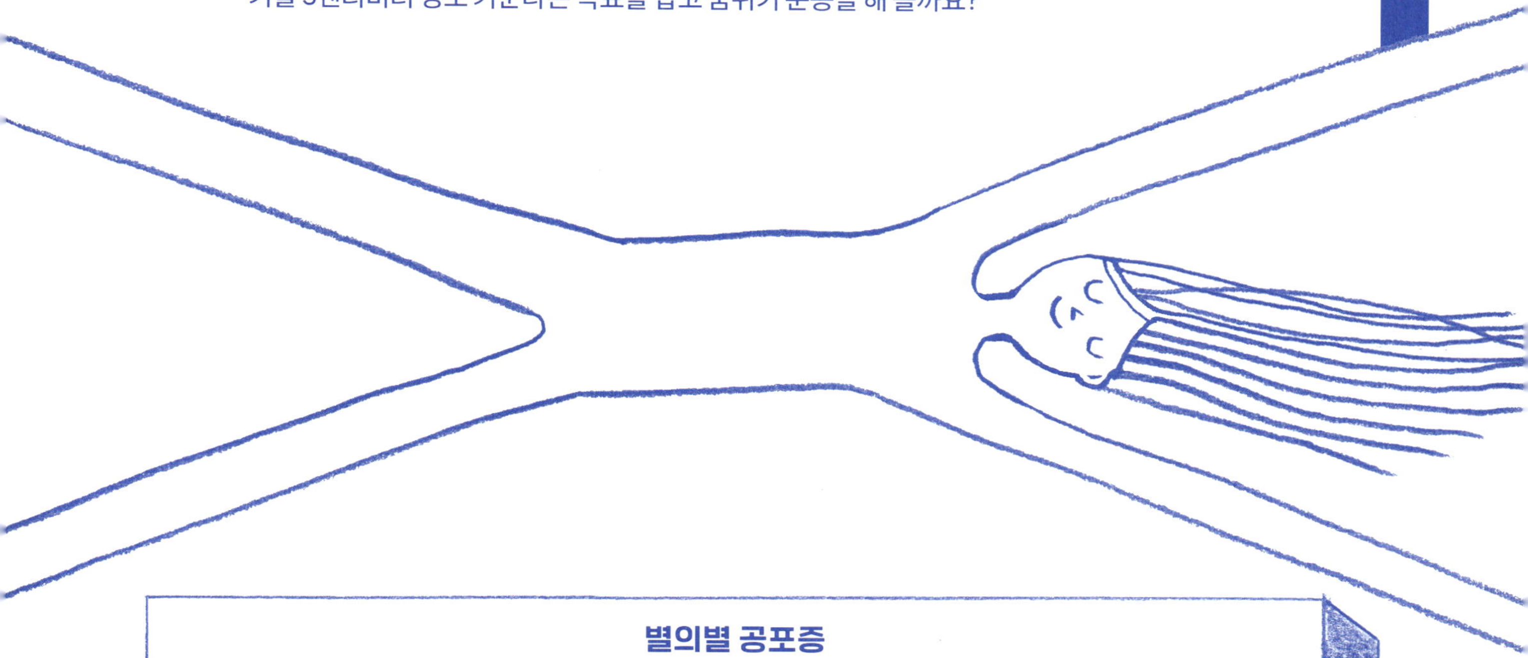

별의별 공포증

공포증은 어떤 것과 관련된, 강하고 비논리적인 두려움이에요. 자주 들어서 익숙한 공포증도 있지만 처음 들어 보는 공포증도 있을 거예요.

천둥 공포증: 천둥이 칠 때마다 강한 불안을 느끼는 증상

절벽 공포증: 높은 곳에서 아래를 내려다보지 못하는 증상

광대 공포증: 특정 사물이나 상황에서 두려움을 느끼는 심리적 장애

배꼽 공포증: 자기 배꼽은 물론 다른 사람의 배꼽을 보는 것조차 무서워하는 증상

무릎 공포증: 무릎이나 무릎 꿇은 모습을 두려워하는 증상

젊은이 공포증: 젊은이를 싫어하는 증상

거울 공포증: 다른 세상의 존재들이 거울로 자신을 쏘아본다고 생각하는 증상

두려움과 분노는 서로 관련이 있을까요?

그럴 거예요. 두 감정 모두 털이 많은 거미를 만났을 때, 또는 이루고자 하는 목표나 지키고 싶은 가치를 위협받는 상황에서 느끼는 위험과 관련이 있거든요.

예를 들어, 여러분이 어떤 이야기를 쓰려고 해요. 그런데 같은 반 친구가 이미 그 이야기를 썼다는 걸 알면 화가 날 수도 있어요. 또 보드게임을 하는데 친구가 속임수를 쓰면 화가 나지요.

물론 다른 이야깃거리를 찾아볼 수도 있고, 보드게임에서 진다 해도 세상이 끝나는 건 아니에요. 하지만 두 상황 모두 마음에 동요를 일으키는 거예요. 그래서 위험한 상황에서 일어나는 두려움과 분노는 서로 관련돼 있다고 봐요.

또 두려워할 때와 마찬가지로 화를 낼 때도 편도체가 활성화돼 감정을 조절하는 영역인 시상 하부*가 깨어나요.

***시상 하부** 시상 아래쪽에서 뇌하수체로 이어지는 부분이에요. 뇌 전체 부피의 1퍼센트 이하를 차지하지만, 항상성 유지를 위한 중추로 작용해요.

마음껏 울어도 괜찮지요?

우리는 보통 슬픈 감정을 느끼면 눈물이 나온다고 알고 있어요. 그런데 인간은 슬플 때만 울까요? 아니에요. 무척 아름다운 무언가를 보고 크게 감동받거나, 행복을 느낄 때도 울어요.

이때 우리가 흘리는 눈물은 양파 껍질을 까거나 눈에 먼지가 들어갔을 때 나는 눈물과는 다르지요. 이것을 우리는 감정의 눈물이라고 불러요. 전문가들에 따르면, 눈물은 감정이 매우 격할 때 일어나는 작은 폭발이에요. 이때 흘리는 눈물은 우리가 흥분을 가라앉히고, 자제력을 잃지 않게 도와줘요.

눈물의 힘을 아나요?

일부 연구에 따르면, 눈물을 흘리면 스트레스 호르몬이 눈물에 섞여 나와 불안감이 줄어든다고 해요. 울고 난 후에는 편안함을 주는 엔도르핀도 분비되지요. 그래서 가끔 울고 나면 기분이 조금 나아지는 건지도 몰라요.

또 울음은 주변 사람들에게 도움을 요청하거나, 우리가 스스로를 위로하는 방법일 수 있어요. 잘 생각해 보면 이해할 수 있을 거예요. 인간은 태어나자마자 울지요? 이처럼 울음은 우리의 방어 및 경보 체계와 연결돼 있어요.

우리는 자라면서 아무 데서나, 아무 앞에서나 울지 않아요. 우리는 감정을 다스리는 법을 배웠기 때문에, 겉으로는 눈물을 보여 주지 않아요. 그래서 정말 힘든 경우를 빼고는 곧바로 울지 않고 적절한 시간이 되거나 적당한 장소에 갈 때까지 울음을 참을 수 있어요.

뇌가 우리를 울게 만들고, 또 그치게도 할까요?

뇌에는 변연계가 있어요. 변연계는 자율 신경계의 일부로, 우리가 의식하지 못하는 모든 것을 제어하는데, 감정 상태를 조절해서 우리를 울게 만드는 영역 중 하나지요. 변연계에는 편도체와 해마라는 영역이 있어요. 그리고 기억을 조절하거나 근육의 수축을 유도하고 눈물 생성을 촉진하는 '아세틸콜린'이라는 신경 전달 물질도 변연계에서 분비돼요.

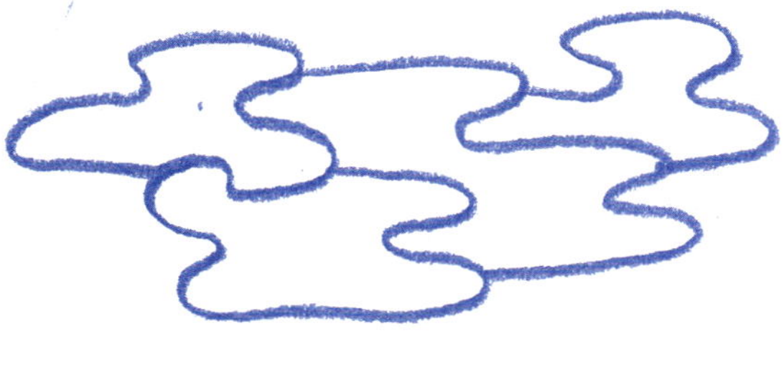

우리 모두 사랑과 애정이 필요해!

우리의 첫사랑은 태어나자마자 시작돼요. 여러분이 태어나서 엄마나 누군가와 맨 처음 눈이 마주쳤을 때 두 사람의 뇌가 즉시 조정되며 둘은 마치 한 몸처럼 느껴졌을 거예요.

비록 아기를 돌보는 것이 쉬운 일은 아니지만 여러분과 어머니, 또는 돌보는 사람 사이에는 아주 강한 유대감이 만들어져요. 이 유대감은 영원히 우리 안에 남아 있어요. 그리고 여러분이 인생에서 모든 일을 헤쳐 나갈 수 있게 해 주는 토대가 됐지요. 이 첫사랑의 관계가 여러분이 세상을 탐험하는 자신감이 됐어요. 또 점점 더 복잡한 일을 할 수 있는 동기를 주고, 자기 자신을 좋아하는 자긍심을 가지게 한답니다.

어머니와의 유대감은 평생 여러분에게 남을 거예요! 물론 소속감과 안정감을 주는 사람이 아버지나 다른 가까운 사람들일 수도 있어요.

그리고 여러분은 자라면서 사귀는 친구들, 사랑하는 사람들, 그리고 미래의 자녀들과 그런 감정을 계속 만들어 갈 거예요. 세상에는 많은 종류의 사랑이 있지만 여러분의 뇌를 형성하고 삶의 일부가 될 사랑의 바탕을 깔아 놓는 게 바로 이 첫사랑이랍니다.

사랑받는 게 왜 좋은 걸까요?

사람들이 나를 좋아한다고 느낄 때 우리 마음은 좀 더 편안해져요. 아주 오랜 옛날부터 나를 좋아하면 '공격하지 않을 것'이라고 생각해 와서 자신을 지킬 준비를 할 필요가 없기 때문이지요.

머릿속에서 불안과 두려움이 되풀이되지 않으면 뇌는 좀 더 편안해지지요. 또 사람들을 좀 더 신뢰하고, 기꺼이 위험을 무릅쓰고, 무언가를 배우고, 다른 사람과 아이디어를 주고받으며 공감할 수 있어요.

이렇게 사람들과 정서적 유대를 갖는 데 중요한 신경 전달 물질 중 하나가 바로 옥시토신이에요. 그래서 어머니가 출산하거나 모유를 수유할 때, 사랑하는 사람과 함께할 때 옥시토신이 더 많이 분비되는 거예요.

외로움도 아픈 감정이에요

우리가 외롭다고 느낄 때 활성화되는 뇌 영역은 신체가 다쳤을 때 활성화되는 영역과 똑같아요. 누군가 나를 싫어할 때 왜 우리는 몸살이 난 것처럼 머리가 아프고 온몸이 쑤실까요? 아니, 어쩌면 훨씬 더 아프게 느껴질 수도 있어요. 외로울 때 느끼는 감정과 고통은 우리가 살아가는 데 다른 사람이 필요하다는 사실을 깨닫게 해 준답니다.

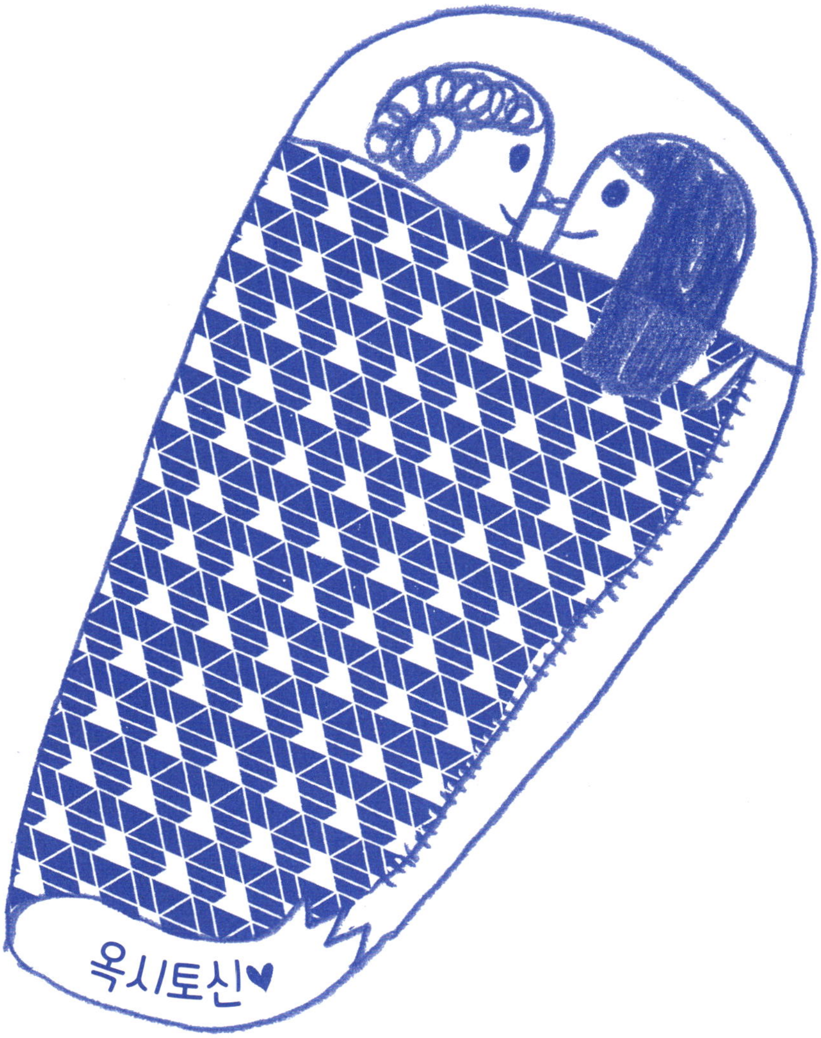

앗! 사랑에 빠진 것 같아요

사랑에 빠졌을 때 학습 능력이 올라간다는 사실을 알고 있나요? 낭만적인 사랑을 하면 온몸을 깨우는 신경 전달 물질과 호르몬이 우리 뇌에 가득 차요. 우리가 사랑을 경험할 때 세상이 아주 새롭게 느껴지는 것과 같아요. 사랑하는 사람이 뭘 좋아하고, 누구를 만나고, 또 어디에 가는지, 무슨 생각을 하는지 등 그 사람에 대해 모든 게 궁금해지지요. 그래서 사랑은 우리가 더 알고 싶어지게 만들어서 학습을 이끈답니다.

이제 여러분은 놀랄 거예요

매일 똑같은 일을 하고, 항상 같은 길을 다니고, 늘 먹던 과자를 고르고……. 하루가 너무 단순한 것 같지 않나요? 어떤 사람은 이런 일상이 편안함과 안정감을 주기 때문에 좋다고 하고, 또 어떤 사람은 늘 똑같은 삶이 너무 지루하다고 느낄 수도 있어요. 그런가 하면 갑자기 예상 밖의 일이 생기는 것을 별로 좋아하지 않아서 무슨 일이 일어날지 정확히 알아보는 사람도 있어요. 여러분은 어느 쪽인가요? 어쨌든 적당한 놀라움은 우리의 삶을 좀 더 풍요롭게 하고 흥미롭게 만드는 중요한 감정이랍니다.

놀랐을 때 뇌 안에서 일어나는 일

우리가 놀랐을 때 뇌는 다음과 같은 과정을 따라요.

❶ 일시 정지: "잠깐!" 하고 기다립니다.

❷ 생각하기: 집중해서 모든 주의를 기울입니다.

❸ 표현하기: "앗!" 하며 놀랍니다. 뇌 안의 기록 보관소에 없는 새로운 정보라고 결론을 내린 거예요. 바로 이때 호기심, 동기 부여, 열정을 담당하는 신경 전달 물질인 도파민이 방출돼요.

❹ 변화하기: 뇌는 놀라움을 경험할 때마다 늘 변해요. 새로운 생각으로 이끄는 새로운 길을 만들기 때문이에요. 그럼 새로운 시각으로 세상을 보는 안경을 낀 것처럼 느껴져요.

❺ 공유하기: 다른 사람과 놀라움을 함께 나누는 순간이 이어질 수도 있어요.
"얘들아, 내가 누굴 봤는지 한번 맞혀 볼래?"

여행을 가기 전에 인터넷에서 미리 정보를 찾아보는 것은 여행이 주는 즐거운 '놀라움'을 망치는 방법이에요. 나 자신으로부터 자유로워지세요!

교실에서 놀라움을 활용하는 방법

사람들은 이미 알고 있는 것보다 새로운 것에 더 많은 주의를 기울인다고 해요. 장기적인 기억을 담당하는 해마는 새로운 것을 받아들일 때 활성화되기 때문이지요. 그래서 신경 과학계 연구에 따르면, 수업을 시작할 때는 복습보다는 학생들이 "앗!" 하고 놀라는 새로운 이야기를 꺼내는 게 더 효과적일 수 있다고 해요.

웩! 너무 거북해요!

거부감은 생존과 관련이 있어요. 그 이유는 선사 시대에서 찾아볼 수 있어요. 먹을 수 있는 것과 먹을 수 없는 것을 잘 구별하지 못하는 시대에서, 거부감은 독을 피하는 방법이 됐어요. 덕분에 인간은 지금까지 멸종하지 않고 살아 있는 건지도 몰라요.

뇌에서 메스꺼움과 혐오감을 일으키는 영역은 뇌섬과 기저핵, 편도체 등을 포함한 여러 부분이에요. 냄새, 맛, 모양, 사람, 상황 등 무언가 마음에 들지 않을 때 코를 찡그리거나 인상을 쓰게 만드는 부위예요.

이런 현상이 일어나는 건 인간이 진화 과정에서 상하거나 독이 있는 음식뿐만 아니라 위험한 상황에 거부감을 느끼도록 배웠기 때문이에요. 몸이 먼저 반응함으로써 그 상황을 피해야 한다고 느껴요.

또한 누군가에게 잘못해서 죄책감이 들 때 자신에게 혐오감을 느끼는 사람도 있어요. 이럴 때는 상대방에게 빨리 사과하고, 반성하는 게 좋답니다.

제2의 뇌가 있다는 사실을 알고 있나요?

정말일까요? 어디일까요? 놀라지 마세요. 바로 내장에 있답니다!

우리의 내장을 덮고 있는 뉴런 연결망은 너무나 거대해요. 이 뉴런 연결망은 1억 개의 신경 세포로 이뤄져 있답니다! 그래서 과학자들은 내장을 제2의 뇌라고 불렀어요. 만약 이 제2의 뇌가 제대로 기능하지 않는다면 우리가 감정을 조절하고 건강을 유지하는 데 문제가 생길 거예요.

감정을 느껴 보세요!

감정을 일으키는 아래의 단어 중에서 한 단어를 고르세요.
그리고 그 감정을 언제 느꼈는지 떠올려 보세요.

즐거움 실망 소망
열정 의심 기쁨
의지 사랑 자랑스러움
슬픔 외로움 부끄러움
믿음 희망 질투
겁 용기 무시
분노 따돌림 의심
흥미 감탄

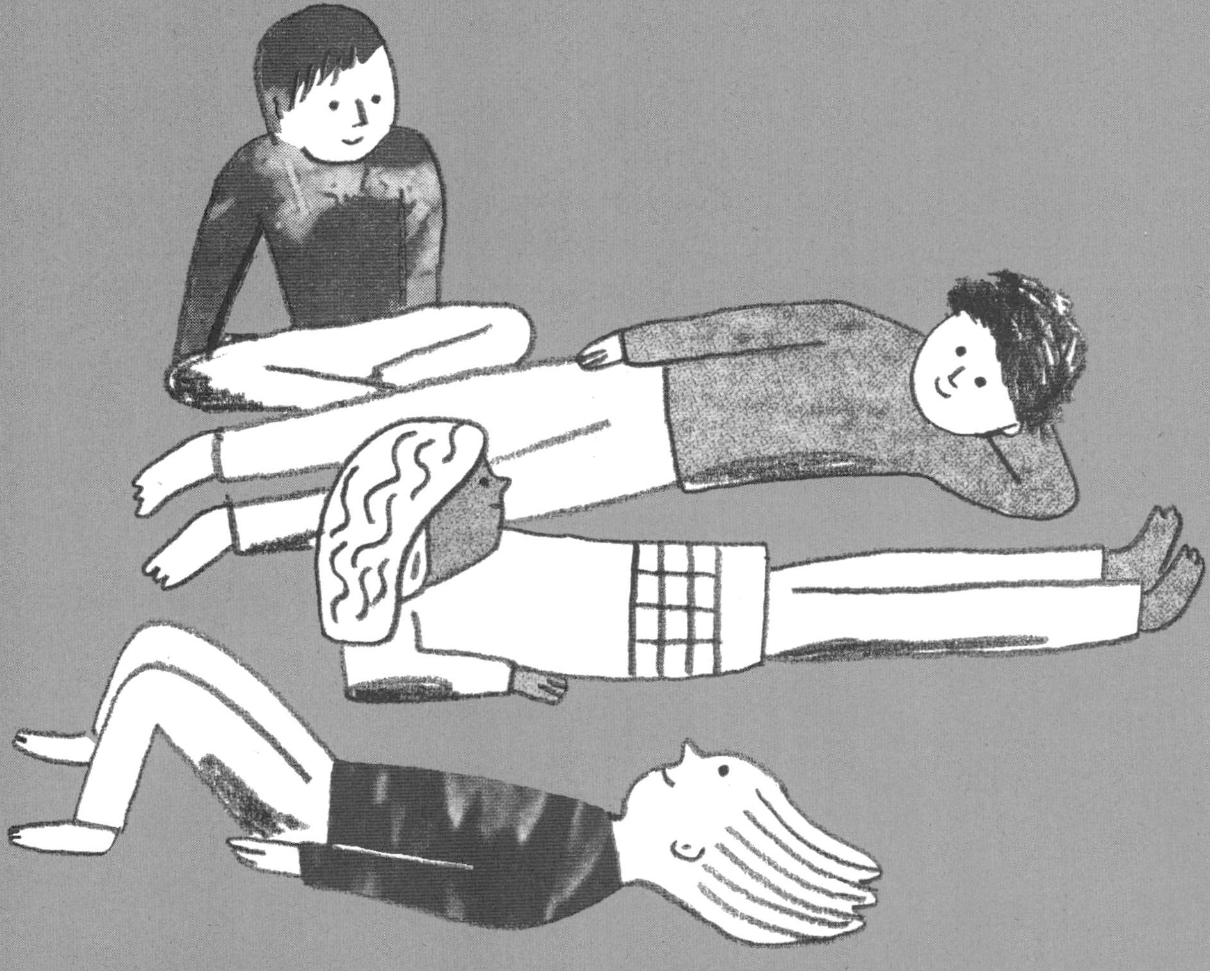

나와 다른 사람들

우리는 나만의 상자 속에 갇혀
혼자서 살아갈 수 없어요.
우리 자신을 만들어 나가려면
다른 사람, 다른 뇌와 연결돼야 해요.

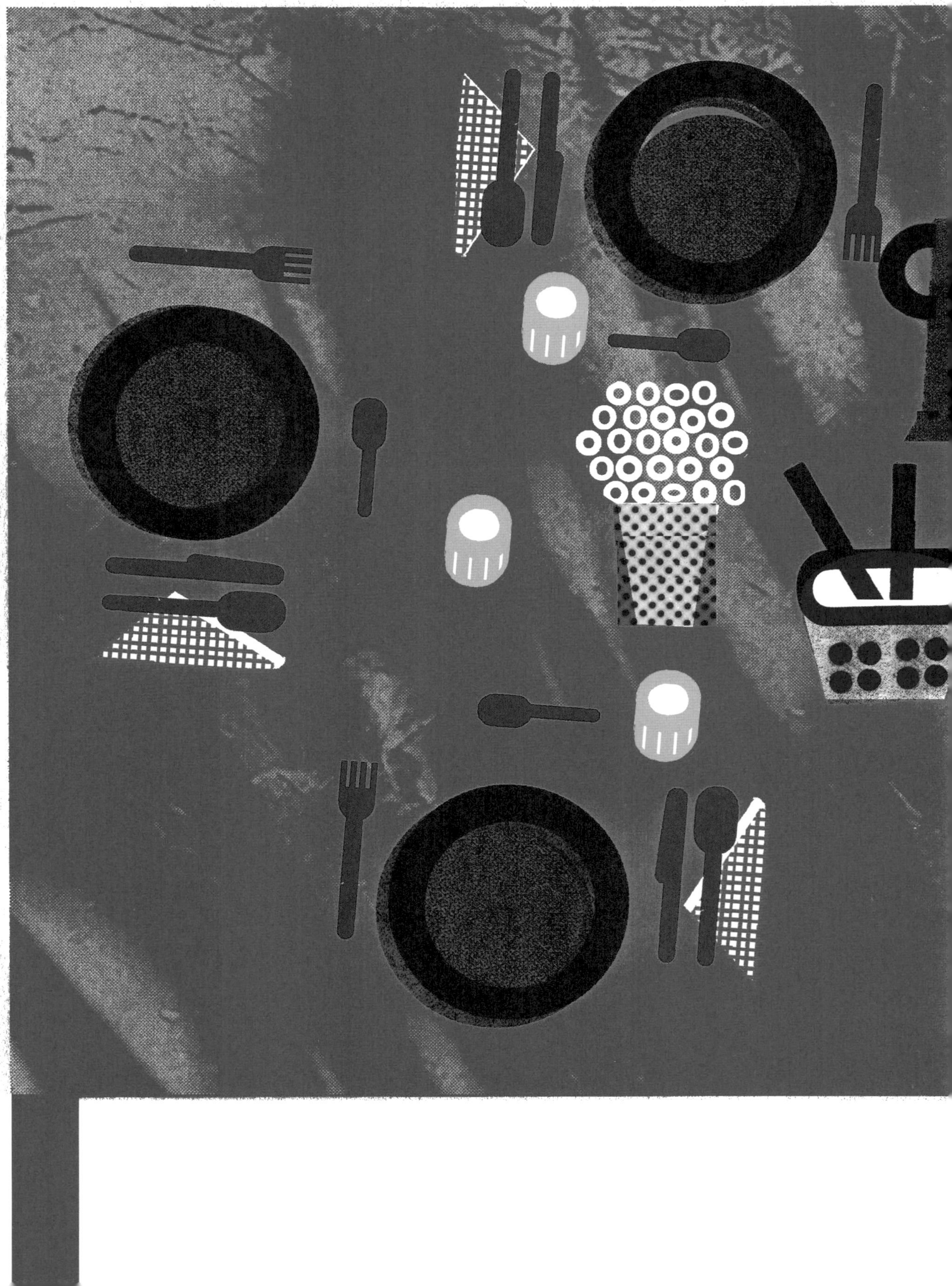

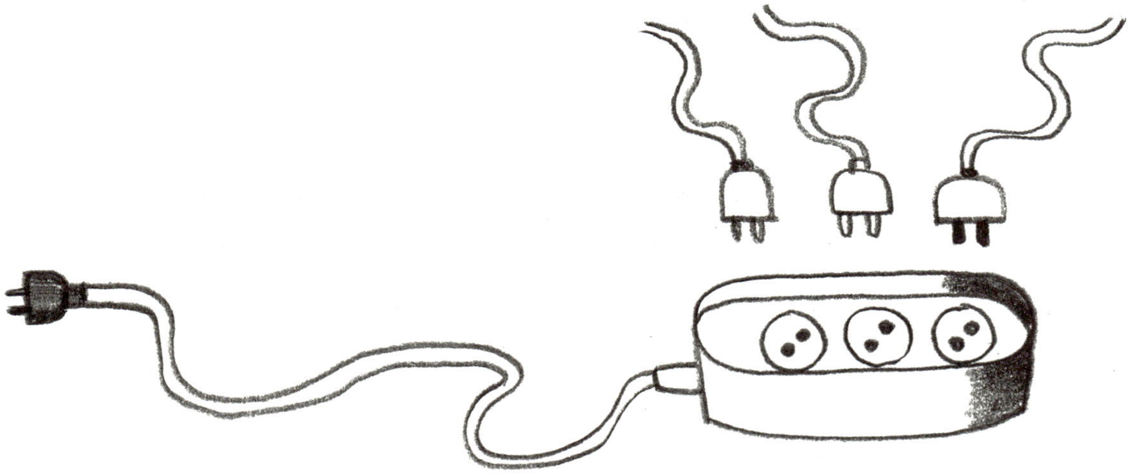

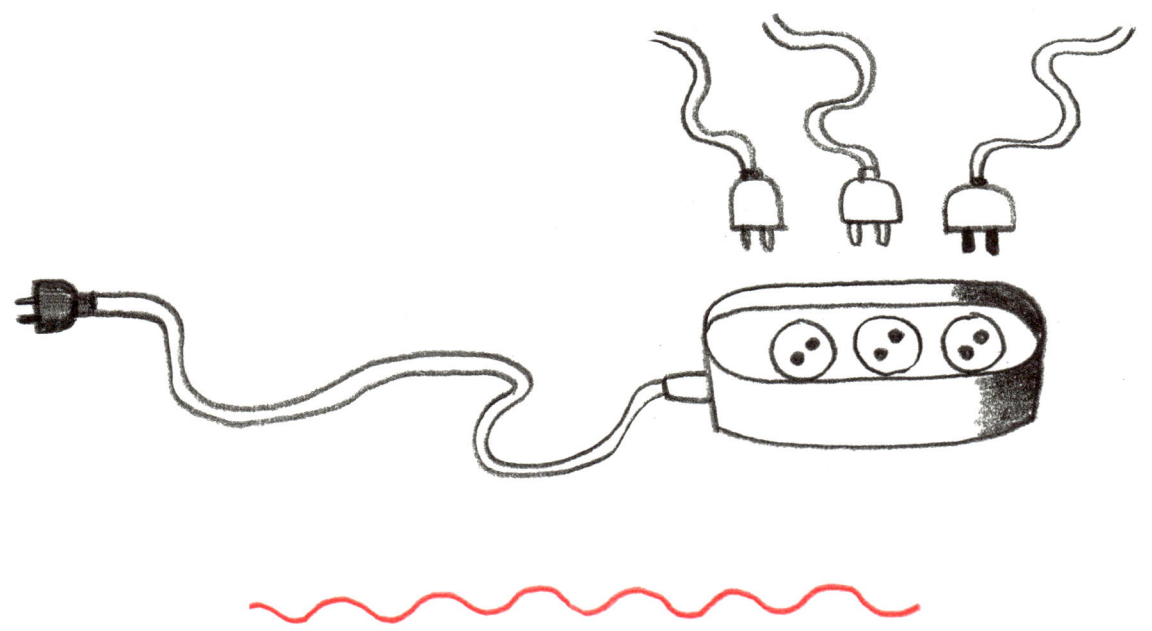

우리의 뇌는 다른 뇌와 연결돼 있어요

이렇게 생각해 본 적이 있나요? 지금의 여러분은 다른 사람 덕분에 만들어졌다고요. 여러분이 존재하는 이유는 태어나면서부터 부모님과 유대 관계를 맺었기 때문이고, 사촌들과 오랜 시간을 같이 놀았기 때문이에요. 또 외롭지 않게 함께해 준 친구들이 있었기 때문이지요.

물론 사람마다 각자의 개성이 있고, 자신만의 삶이 있지요. 우리가 이 책에서 보는 것은 그저 하나의 예일 뿐이에요. 하지만 한 가지는 확실해요. 친구들과 나누는 대화나 주고받는 장난, 형제자매들과의 말다툼, 부모님이 안아 주는 것…… 이 모든 게 우리 뇌를 바꾸고, 우리를 만들어서 지금의 우리가 됐다는 사실을 말이에요.

여러분의 특성 가운데 일부는 타고난 거예요. 하지만 어떤 특정한 성향이 드러나거나 없어지는 것은 우리가 자라면서 사람들과 주고받는 상호 작용 때문이에요. 다시 말해 뇌가 성장하려면 다른 사람의 두뇌가 필요해요. 다른 사람과의 정서적 상호 작용이 사회에서 잘 살아갈 수 있도록 이끌어 주고, 또 우리의 성격을 결정한다는 것은 이미 앞에서 설명했지요.

뇌는 사회적이에요

최근에 과학자들은 특별한 일을 하지 않았는데도 머리가 어지럽다면 그건 '사회적 두뇌'가 활성화되기 때문이라는 사실을 발견했어요. 다른 사람은 어떤지, 그 사람의 감정과 의도는 무엇인지 살피면서 '사회적 두뇌'가 활성화돼요. 또한 우리가 가장 행복하다고 느끼는 순간이 다른 사람들과 함께 있을 때라고 해요. 특히 다른 사람을 돕고, 어떤 식으로든 자신이 쓸모 있는 사람이라고 느낄 때 행복해한다고 밝혀졌어요.

다른 사람의 감정을 읽는 법을 배우기

나이가 들어 갈수록 우리는 자신이 느끼는 감정을 좀 더 잘 이해하고, 다른 사람의 반응에 보다 잘 대처하는 방법을 배워요. 하지만 '그 친구는 왜 나를 멀리할까?', '왜 그 애는 지금 웃을까?' 하며 상대방이 잘 이해되지 않을 때가 종종 있어요. 특히 어린 시기에 자신의 감정을 잘 이해하지 못하고, 다른 사람의 감정을 잘 읽을 수 없는 건 흔한 일이랍니다.

하지만 살아가면서 우리는 '감정을 더 잘 읽는 사람'이 되고, 감정을 우리의 친구로 만드는 법을 배울 수도 있어요. 자신이 느끼는 것과 다른 사람이 느끼는 것에 대해 생각하고, 왜 그렇게 느끼는지 이유를 찾고, 그 느낌을 다시 해석하기까지 한답니다.

다른 사람의 의도를 살피는 뇌

우리는 사람들의 감정과 의도를 어떻게 '추측'할까요? 먼저 사람들의 몸짓과 행동을 읽고 추측해요. 또는 눈썹이 올라가고 입술이 떨리는 등 표정을 자세히 관찰하고 목소리의 크기나 높낮이 등 미세한 변화에 주의를 기울이면서 추측할 수도 있어요.

이 모든 정보가 뇌로 전달되면 우리는 사람들의 감정을 자신의 감정처럼 느끼면서 그 의미를 알게 되지요.

뇌의 많은 영역이 감정을 읽는 데 참여한답니다. 앞에서 이야기한 뇌섬, 시상, 해마, 편도체, 피질은 물론이고…… '거울 뉴런'이라는 특별한 영역도 활성화돼요. 거울 뉴런에 대해서는 뒤에서 더 알아볼 거예요.

그렇다면 우리는 왜 다른 사람의 감정과 의도를 읽는 법을 배워야 할까요? 뇌가 다른 사람을 살피는 능력은 아주 먼 옛날에 살던 우리 조상들도 가지고 있었어요. 조상들은 살아남기 위해 적과 아군을 즉시 구별하거나 주변 사람이 어떤 의도를 가지고 다가오는지 알아야 했어요. 어찌 보면 지금도 그렇다고 할 수 있지요.

앞에서 살펴봤듯이 우리의 뇌는 사회적이고, 사소한 단서 하나로도 추측할 수 있는 전문가예요. 추측을 잘하기 위해 사람들의 말과 행동뿐만 아니라 아주 작은 신호까지도 읽는 걸 배웠어요.

사람들은 무의식중에 자신의 의도를 수백 가지 신호로 내보내고 있어요.

너를 이해하면 할수록
나를 더 이해하게 되고,
나를 이해하면 할수록
너를 더 이해하게 돼.

우리는 아기 때부터 얼굴을 좋아해요

아기는 글을 읽기 훨씬 전에 가장 먼저 다른 사람의 얼굴 표정을 읽는 걸 배워요. 얼굴을 구별하는 것뿐 아니라 표정을 해석하고, 그 사람의 감정을 이해하는 법을 배우지요. 태어날 때부터 우리는 얼굴 신경을 가지고 있지만 얼굴 표정을 읽는 전문가가 되려면 경험이 필요해요.

보통 두 살이 될 때까지 사람의 표정을 읽는 법을 배워요. 처음에는 어머니가 미소를 지으면 그 답으로 미소를 짓지요. 그리고 점차 얼굴 표정과 말, 몸짓으로 대화를 나누는 게임을 해요. 태어나서 6개월이 지나면 사람 얼굴인지 동물 얼굴인지 알아차려요. 그래서 아기는 사람과 원숭이를 구별할 수 있답니다. 또 태어난 지 9개월이 되면 얼굴을 알아보는 능력은 더욱 특별해져서 사람들 한 명 한 명의 얼굴을 구분해서 알아보기 시작해요! 시간이 지날수록 우리는 점점 더 얼굴을 읽는 전문가가 됩니다.

도전

무슨 표정일까요?

우리가 살아가면서 겪는 모든 경험은 온몸으로 전달되고, 그 경험은 얼굴 표정과 행동에 영향을 끼쳐요. 그래서 누군가를 보면 말해 보지 않아도 그 사람이 수줍음을 많이 타는 사람인지, 아니면 자신감이 넘치는 사람인지를 쉽게 알 수 있어요. 친구 얼굴만 봐도 기분이 어떤지 바로 알아차리는 것처럼 말이에요.

친구에게 가장 평범한 표정으로 얼굴을 그려 달라고 하세요.
그리고 친구가 그려 준 얼굴에 여러 가지 표정을 넣어서 꾸며 보세요. 얼굴마다 재미있는 설명도 달아 보세요.

언어도 사람을 이해하는 데 도움이 돼요

인간의 가장 큰 특성 중 하나가 느끼고 생각하는 것을 말과 글로 전달하는 능력이에요. 아주 놀라운 능력이지요. 물론 동물들도 서로 의사소통을 해요. 하지만 그 어떤 동물도 인간처럼 복잡하게 소통하지 않고, 글을 사용하지도 않아요.

우리가 말을 할 때, 또는 다른 사람의 말을 듣거나 글을 읽고 쓸 때 뇌의 여러 영역이 활성화돼요. 이 중에서 가장 중요한 것이 브로카 영역과 베르니케 영역이에요. 브로카 영역은 좌반구 전두엽에 있는 뇌의 특정 부위로, 말하는 데 필요한 소리의 순서를 짜는 언어 처리 센터예요. 뇌의 좌반구 측두엽에 있는 베르니케 영역은 청각 피질과 시각 피질로부터 전달된 언어의 의미를 해석하고 이해해요.

인간의 언어 능력과 관련된 이 두 영역 덕분에 전 세계에 7,000개가 넘는 언어가 존재하게 됐답니다! 언어를 사용하면 우리는 자유자재로 단어를 골라서 표현하고 의사소통할 수 있어요. 글을 배우면 더 깊이 서로를 이해할 수 있지요. 하지만 서로를 이해하는 게 항상 쉬운 일은 아닐 거예요.

우리에게는 거울 뉴런도 있어요

가끔 자신의 감정을 이해하기 어렵다면 다른 사람의 감정과 의도를 이해하는 일은 더 어려운 문제가 될 수 있어요. 다행히도 인간은 대화를 나눌 수 있어요. 언어 덕분에 서로를 이해하는 데 도움이 되지요. 또 우리에게는 '거울 뉴런'이라는 특별한 뉴런도 있어요. 다른 사람이 느끼는 것을 비슷하게 느끼고 왜 그런 행동을 하는지 이유를 알아차릴 수 있어요.

거울 뉴런은 어떻게 작동하나요?

거울 뉴런은 누군가의 행동을 보고 그 행동의 의도를 이해할 때 활성화돼요.

거울 뉴런의 놀라운 점은 우리가 직접 얼굴을 보거나 만나지 않는 상황에서도 그 사람의 감정에 공감할 수 있게 활성화된다는 거예요. 영화를 볼 때 우리가 영화 속에 들어가지 않아도 배우들의 감정을 느끼는 것처럼요.

거울 뉴런의 발견

거울 뉴런은 1990년대에 발견됐어요. 이탈리아 과학자들이 원숭이의 뇌에 약간의 전류가 흐르게 한 다음, 원숭이가 땅콩을 먹으려고 움직일 때마다 종을 울리는 실험을 했어요. 관찰 결과, 원숭이의 뇌에서 특정 뉴런이 활성화되는 걸 알 수 있었어요.

그러다 한 과학자가 원숭이 앞에서 땅콩을 먹었어요. 그러자 이상한 일이 일어났어요. 원숭이는 그냥 과학자를 쳐다보고만 있었는데 원숭이가 땅콩을 먹으려고 할 때처럼 뇌의 특정 뉴런이 반응을 보인 거예요.

과학자들은 이 실험을 통해 음식을 먹으려고 손을 움직일 때 활성화되는 원숭이의 뇌 영역이 먹는 모습을 보기만 해도 활성화된다는 사실을 밝혀냈어요. 덕분에 거울 뉴런이라고 부르는 새로운 뉴런을 발견하게 됐답니다.

물론 이 거울 뉴런은 평범한 거울이 아니에요. 아주 특별하다고 할 수 있어요. 거울처럼 행동을 반사만 하는 게 아니기 때문이에요. 이 거울 뉴런은 다른 사람의 행동을 우리가 이해할 수 있게 해 주기 때문에 아주 특별하답니다.

거울 뉴런은 결정하는 데 도움을 줘요

거울 뉴런은 뇌에서 중요한 역할을 해요. 어떤 행동에 이어서 일어날 일을 예측하지요. 누군가가 행동하는 것을 보고 정신적으로 똑같은 행동을 하는 것처럼 만들고 그 사람의 감정을 비슷하게 느끼게 해요. 그래서 앞으로 일어날 일을 좀 더 쉽게 예측하고 무엇을 해야 할지 결정을 내릴 수 있게 해 준답니다. 그럼 예를 하나 살펴볼까요?

여러분이 동생과 함께 치과에 갔는데 대기실에서 동생이 손톱을 물어뜯고 있다고 상상해 봐요. 여러분은 동생이 무서워서 손톱을 물어뜯는다는 걸 알아차려요. 이어서 동생이 게임할 때는 편하게 있었다는 게 떠올라요. 여러분은 이전 경험과 예측을 바탕으로 이런 결정을 내려요. '동생이 좋아하는 끝말잇기 놀이를 하자고 해야겠다!'

동감이 아니라 공감이에요

다른 사람이 처해 있는 상황에서 생각하는 능력을 공감이라고 해요. 공감할 때는 다른 사람의 느낌과 감정을 자신의 느낌이나 감정으로 받아들여요. 또 종종 다른 사람의 고통, 두려움, 기쁨을 자신이 느끼는 것처럼 행동하기도 해요.

다른 사람의 공감을 연구하던 과학자들은 거울 뉴런을 발견했을 때 무척 흥분했어요. 이어서 '거울 뉴런과 공감은 관련이 있다.'라는 가설을 세웠어요. 정말 그럴까요?

공감 능력은 원래부터 있는 걸까요?

인간은 태어날 때부터 공감 능력을 갖고 있다고 생각하는 과학자들이 있어요. 산부인과에서 한 아기가 울면 다른 아기들도 따라 우는 상황을 그 예로 들어요. 하지만 공감 능력이 강하게 발휘되는 시기는 거울에 비친 자신의 모습을 알아보기 시작하는 두 살 무렵이에요. 자신이 누구인지 아는 순간부터 우리는 우리와 같거나 비슷한 사람들이 있다는 것을 깨닫는 거지요.

질문

발자크의 경험

프랑스 소설가 발자크는 어느 날 파리의 큰길가에 앉아서 지나다니는 사람들의 움직임과 발걸음을 관찰했어요. 그리고 아주 흥미로운 결론을 내렸어요. 그건 바로 발걸음이 그 사람의 생각과 삶을 반영한다는 거예요. 여러분도 사람들이 붐비는 거리에 앉아서 지나다니는 사람들을 잘 살펴보세요. 여러분은 어떤 결론을 내릴 수 있을까요?

여덟 살 무렵부터 인간은 나이가 들며 아프거나 고통받을 때가 있고, 언젠가는 죽는다는 사실을 깨달아요. 공감 능력이 더 크게 발휘되기 시작하지요. 그래서 살아가려면 다른 사람이 필요하고, 삶이라는 모험을 헤쳐 나가기 위해 다른 사람의 도움을 받아야 한다고 생각해요. 또 자신도 누군가 어려움에 빠졌을 때 도울 수 있다는 걸 알아 가요.

공감 능력이 없으면 사람들과 소통하고 유대감을 형성하기가 어려워져요. 만약 누군가가 다쳤는데 큰 소리로 웃으면서 상황에 적절하지 못하게 반응한다면 사람들은 마음을 닫고 피할지도 몰라요. 적어도 그런 사람에게는 아무도 가까이 가지 않을 거예요.

언제나 공감되지는 않아요

우리가 살아가면서 언제나 모든 것에 공감하는 건 아니에요. 도저히 이해하지 못하거나 받아들이기 어려운 모습을 보이는 사람들도 있으니까요. 나 자신도 주변 사람에게 그럴 때가 있어요. 그러니까 늘 사람들과 잘 어울려 지내지는 못하는 거예요. 때때로 누군가는 나와 다른 모습을 보이거나 내 의견과 행동에 동의하지 않기도 하지요. 사회 속에서 두 뇌가 서로 공감하며 살아가는 일이 항상 쉬운 일은 아니랍니다.

질문

“네가 만일 3일 동안 어떤 사람의 신발을 신어 보지 않았다면(그 사람이 돼 보지 않았다면) 그 사람을 비난하지 말라.”라는 인도 속담이 있어요.
그런데 남의 신발을 신는 게(그 사람의 입장이 돼 보는 게) 정말 어려운 일일까요?
사람들은 어렵다고 말해요. 또 아무리 노력해도 다른 사람의 경험을 자기 자신이 겪은 일처럼 느끼는 건 불가능하다고 말해요. 정말 내 일처럼 와닿지 않기 때문이에요.
여러분이 잘 이해하지 못하는 사람, 그다지 좋아하지 않는 사람,
그냥 싫은 사람의 입장이 돼 생각해 보세요.
먼저 그 사람과 내가 똑같이 바라는 부분이 있는지부터 생각해 보세요.

어떤 친구가 여러분 의견에 동의하지 않는다고 해서 그 친구를 멀리하지 마세요. 비록 여러분과 의견이 같지는 않지만 그 친구는 최소한 자신의 진심을 말해 주는 거니까요. 또 어쩌면 친구가 내 의견에 동의하지 않은 덕분에 우리는 자신을 되돌아보며 스스로 배우는 의미 있는 경험을 할 수 있어요.

인형과 아기 실험

미국의 과학자 폴 블룸 연구 팀은 태어난 지 6~10개월 된 아기들이 다른 사람의 행동에 도덕적 판단을 내릴 수 있는지 알아보는 실험을 했어요. 우선 세 개의 도형 인형을 준비해서 캐릭터를 만들었어요. 그리고 언덕을 오르는 원, 밑에서 원을 도와주는 사각형, 위에서 원이 올라오는 것을 방해하는 삼각형이 나오는 인형극을 아기들에게 보여 주었어요.

인형극이 끝날 때쯤 삼각형과 사각형 인형 중에서 어떤 인형을 더 좋아하는지 물어보자 아기들 모두 원을 도와준 사각형을 선택했어요. 이 실험 결과는 무엇을 의미할까요? 비록 아기가 아직 어려서 '선'과 '악'의 개념이 없지만 그럼에도 도와주는 사람들을 더 좋아한다는 사실을 알 수 있어요.

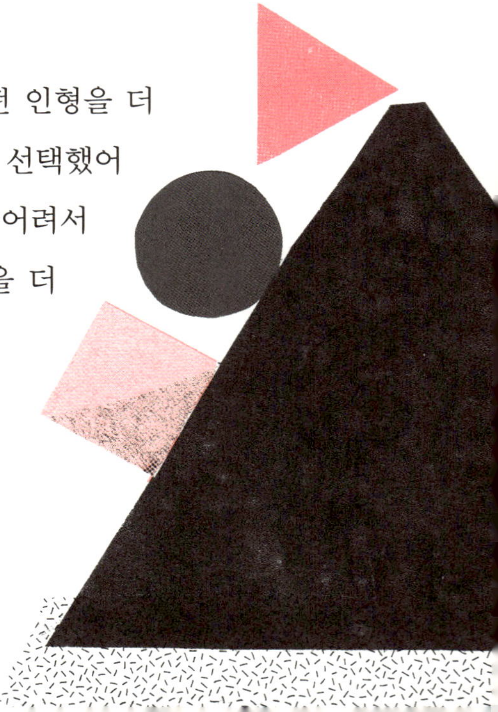

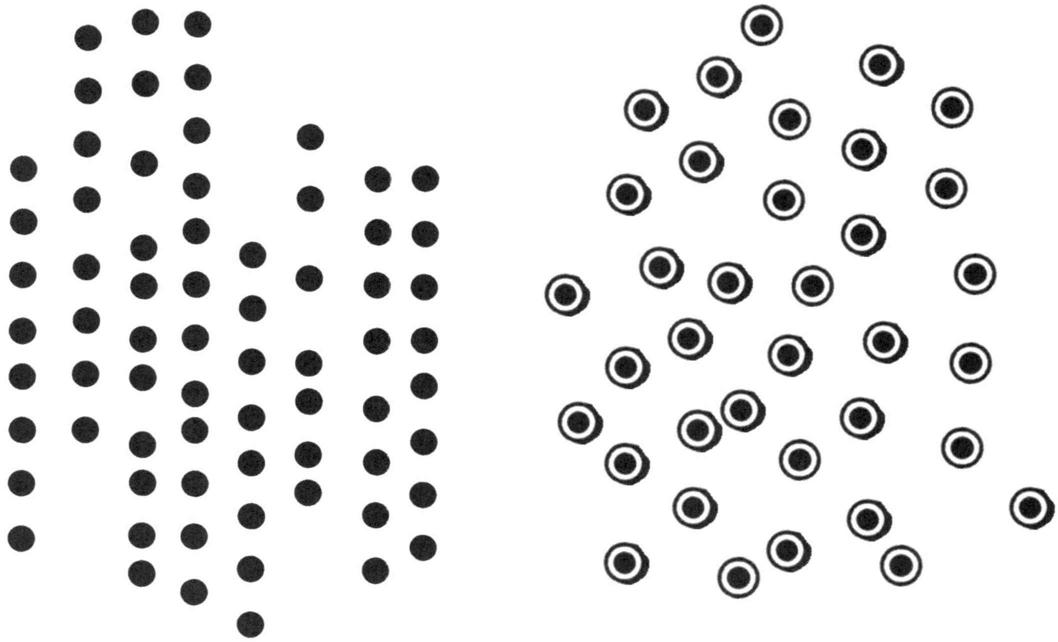

집단: 우리와 너희

사회 속에서 사람들과 관계를 맺고, 어느 한 집단에 소속되는 건 인간에겐 꼭 필요한 일이에요. 마치 옛날에 부족끼리 모여 산 것과 비슷한 현상이지요. 우리가 가족, 학교, 모둠, 팀, 종교, 친구 등 어떤 집단에 속하고 싶어 하는 것은 뇌의 구조가 사회적이기 때문이에요. 왜 그럴까요? 소속감이 우리를 보호해 주고, 혼자보다는 함께할 때 더 많은 일을 할 수 있다는 걸 본능적으로 알기 때문이랍니다. 바로 이 협동심 때문에 인류가 지금처럼 진화할 수 있었지요.

하지만 집단이란 다른 집단이 있어야 유지될 수 있어요. 여러 집단이 함께 살아가며 서로 공유하고, 배우고, 보완해요. 하지만 집단끼리 차이가 크면 공감하기가 어렵고 의사소통이 불가능해질 수도 있어요. 심해지면 내가 속한 우리 집단은 좋고, 다른 집단은 나쁘다고 여기게 된답니다. 또 다른 집단이 우리 집단을 위협하고 위험에 빠뜨린다는 잘못된 생각에 이르기도 하지요.

불행히도 인류 역사에서 한 집단이 다른 집단보다 훨씬 뛰어나다고 여겨 다른 집단을 무시하고, 괴롭히고, 해치는 사건들이 많았어요. 이런 끔찍한 사건은 제2차 세계 대전, 발칸 전쟁, 르완다 분쟁처럼 민족이나 부족이 해체되는 비극으로 이어졌어요. 그런데 이런 사건에는 집단 사이에 갈등을 일으키려고 사실을 조작하는 방법이 사용됐지요. 예를 들어 한 집단에 대해 거짓으로 나쁜 이야기를 만들어 다른 집단이 그 집단을 적으로 생각하게 만들었어요. 더 나아가 적에 속한 사람들을 부정적으로 보게 만들어 비난하고 해쳐도 된다고 여기게 조작했답니다.

결론: 우리는 거대한 뉴런 연결망

여러분의 뉴런은 가족, 친구, 선생님 등의 뉴런과 소통하고, 이 뉴런들은 또 다른 사람의 뉴런들과 소통하고, 이 뉴런들은 또다시 연결돼 또 다른 소통을 한답니다. 마치 지구상의 모든 뉴런이 하나로 이어져 멋진 연결망을 이루는 것과 같답니다. 그러니까 사람들과 관계를 맺을 때 뉴런 연결망을 잘 사용하세요!

여러분의 뉴런 연결망은 어디서 끝날까요?

다른 사람들의 뉴런 연결망은 어디서 시작될까요?

여러분의 뇌 속에 있는 뉴런 연결망을 퍼즐 조각을 맞추듯 만들어 보세요.

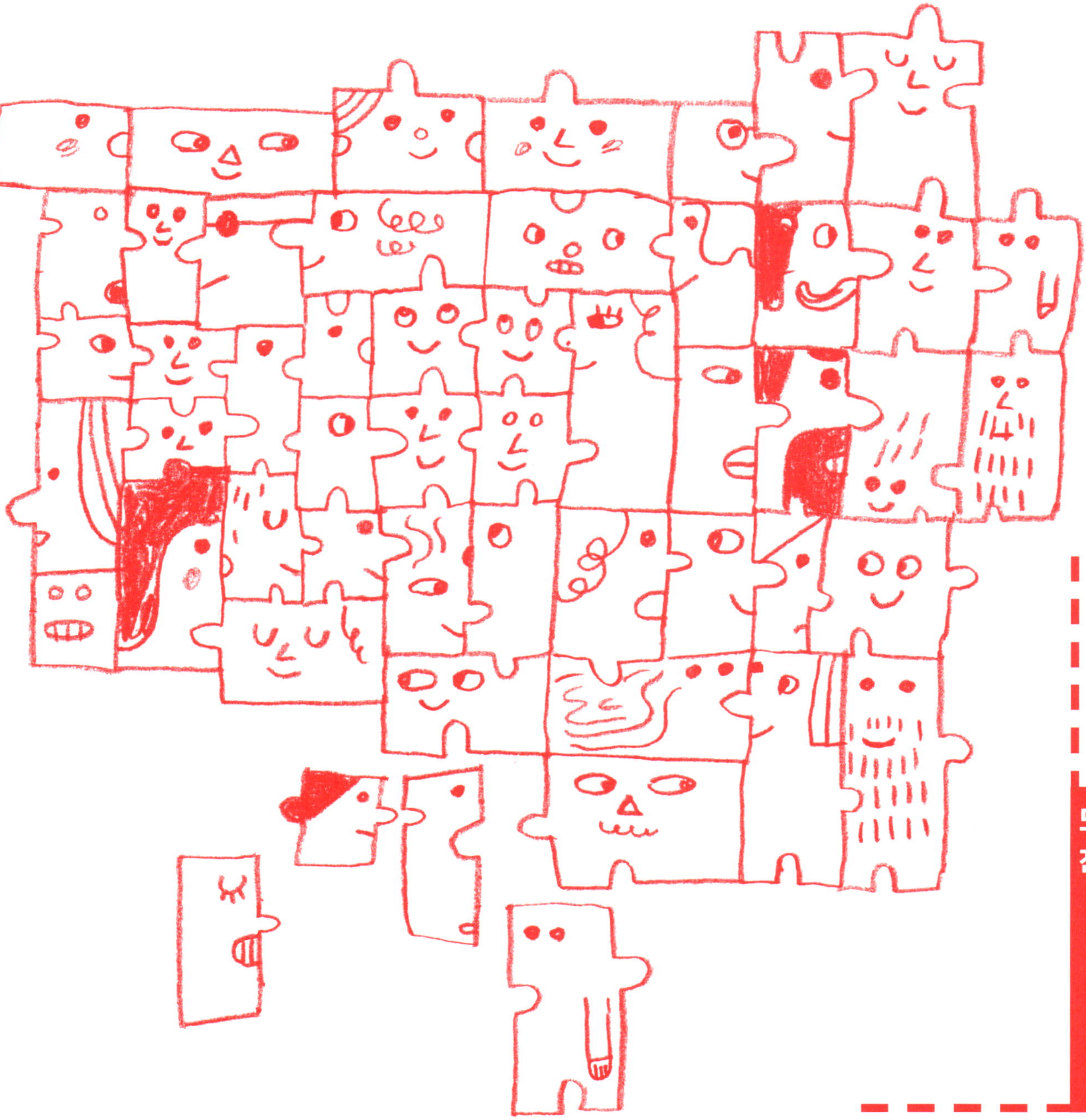

도전

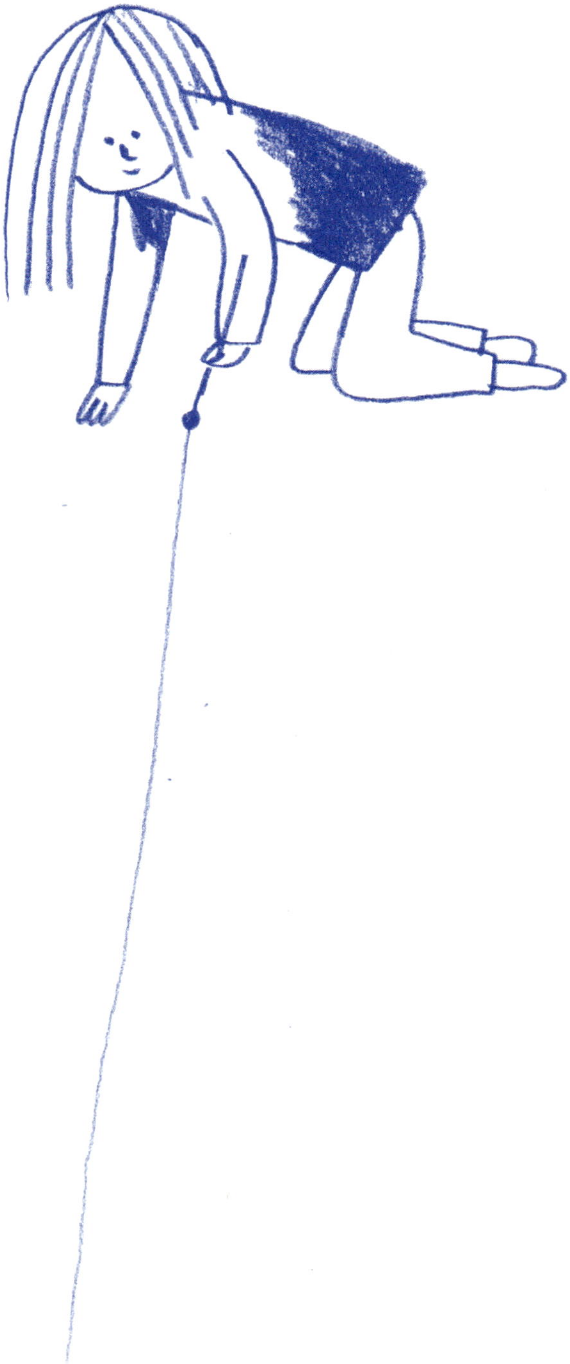

창의성

"이 세상에서 일어나는 모든 환상적인 일은
누군가의 상상 속에서 이미 일어난 거예요."
– 아스트리드 린드그렌

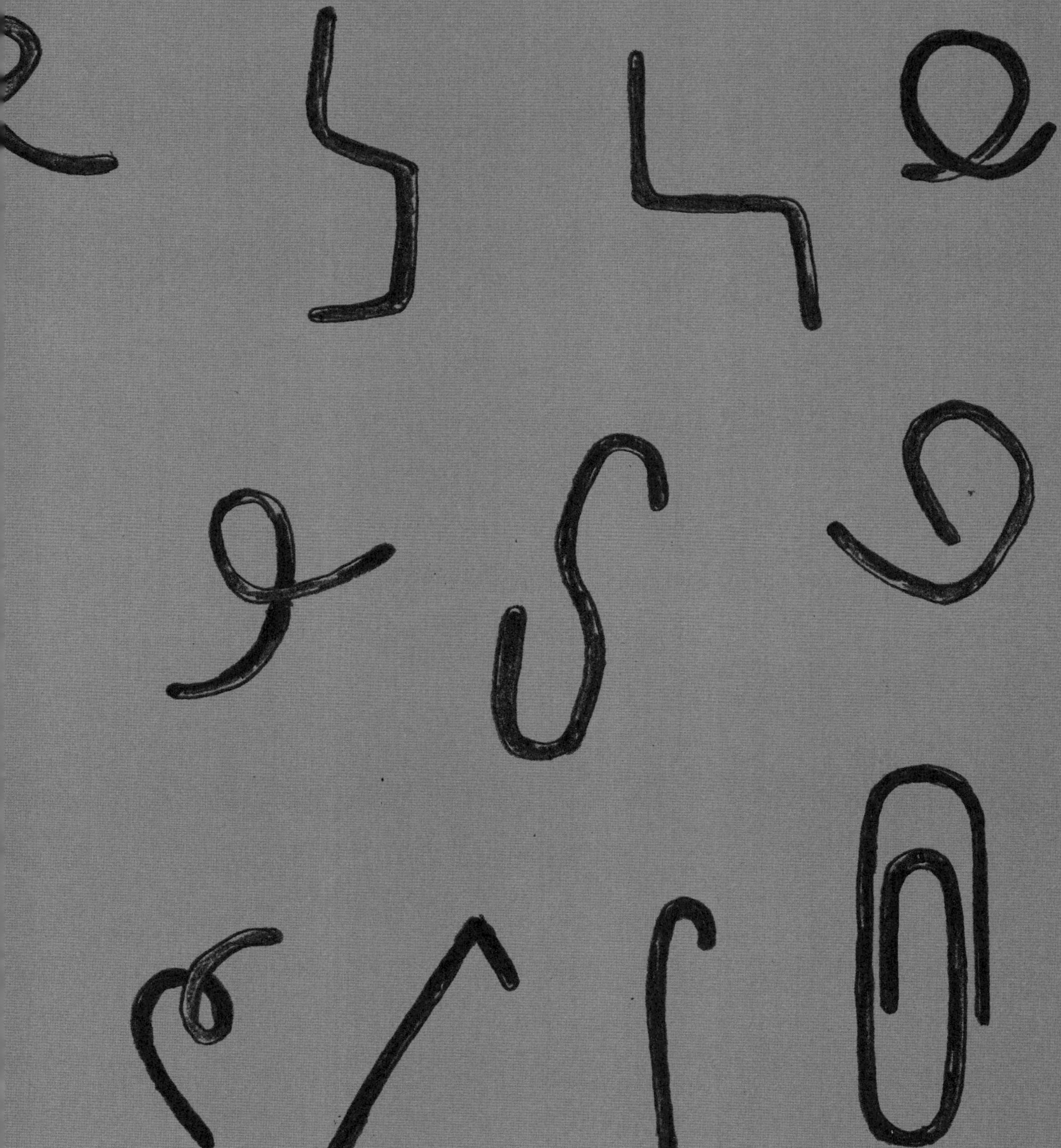

쓸모 있는 새로운 생각들

창의성은 무언가 쓸모 있는 것을 새롭게 만들어 내는 능력이라고 할 수 있어요. 그렇다면 이 능력은 어디에 쓸 수 있을까요? 우산, 병따개, 백신은 창의적인 발명품으로, 사람이 살아가는 데 실용적으로 쓰여요. 하지만…… 예술 작품은 어때요? 처음 만들어진 새로운 것이지만 쓸모가 있거나 우리에게 도움이 될까요?

예술적 경험이 자신을 어떻게 변화시키는지 겪어 본 적이 없는 사람은 예술 작품이 아무 쓸모 없다고 말할 가능성이 매우 높아요. 실제로 삶에 도움이 되는지 용도만 따져 보면 우산이나 백신과 달리 예술 작품은 아무 쓸모가 없다고 생각할 수도 있어요. 하지만 예술 작품은 우리의 생각, 감정, 세계관에 영향을 미치기 때문에 쓸모가 있답니다.

그래서 우리는 병따개를 발명한 사람도 백신을 발견한 프랑스의 생물학자 루이 파스퇴르도 창의적인 사람이라고 불러요. 또 『이상한 나라의 앨리스』를 쓴 영국의 동화 작가 루이스 캐럴이나, 〈춤〉을 그린 프랑스의 화가 앙리 마티스도 창의적인 사람이라고 할 수 있답니다.

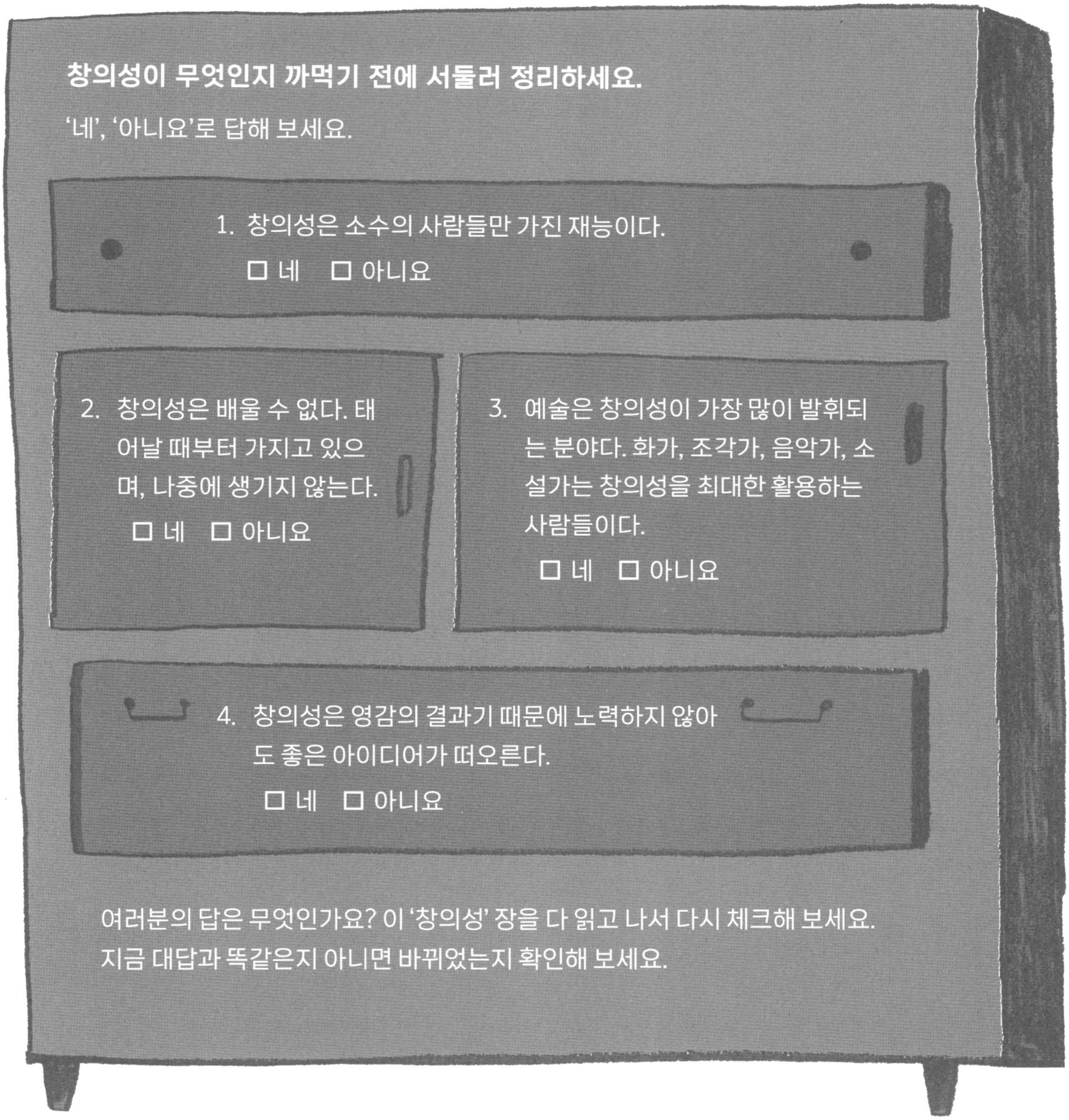
창의성이 무엇인지 까먹기 전에 서둘러 정리하세요.
'네', '아니요'로 답해 보세요.
1. 창의성은 소수의 사람들만 가진 재능이다.
☐ 네 ☐ 아니요
2. 창의성은 배울 수 없다. 태어날 때부터 가지고 있으며, 나중에 생기지 않는다.
☐ 네 ☐ 아니요
3. 예술은 창의성이 가장 많이 발휘되는 분야다. 화가, 조각가, 음악가, 소설가는 창의성을 최대한 활용하는 사람들이다.
☐ 네 ☐ 아니요
4. 창의성은 영감의 결과기 때문에 노력하지 않아도 좋은 아이디어가 떠오른다.
☐ 네 ☐ 아니요
여러분의 답은 무엇인가요? 이 '창의성' 장을 다 읽고 나서 다시 체크해 보세요.
지금 대답과 똑같은지 아니면 바뀌었는지 확인해 보세요.

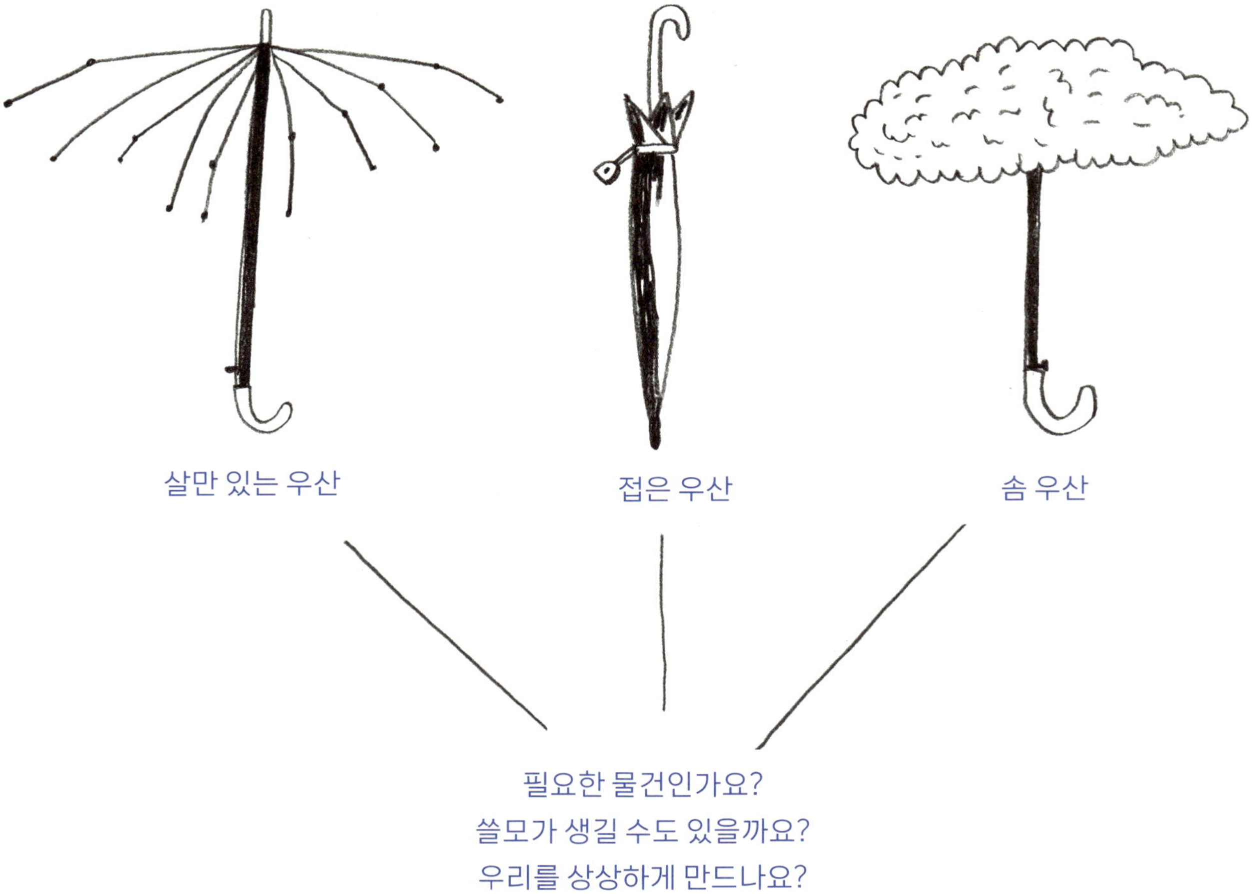

전문가는 창의성을 뭐라고 말할까요?

우리는 모두 창의적이에요

요리하기, 여행 중 돌발 상황에 대처하기, 용돈 관리하기 등 우리가 창의성을 발휘해야 하는 경우를 한번 생각해 보세요.

어쩌면 일상에서 내 생각을 설명할 때도 우리는 창의적이어야 해요. 적절한 단어를 찾아 올바른 문장을 만들고, 생각을 정확히 전달하기 위해서 보다 효과적으로 표현할 수 있는 방법으로 말을 짜 맞춰야 하니까요.

역사를 살펴보면 창의성이 인간을 진화하게 만들었다는 걸 알 수 있어요. 따라서 우리 모두에게는 창의적인 능력이 있고, 이 창의성을 소중히 여기고 매일 연습하면 더 창의적인 사람이 될 수 있답니다.

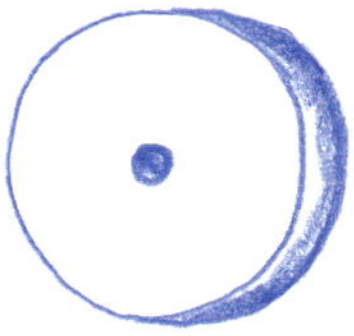

돌 바퀴

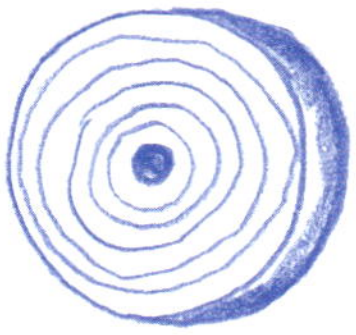

나무 바퀴

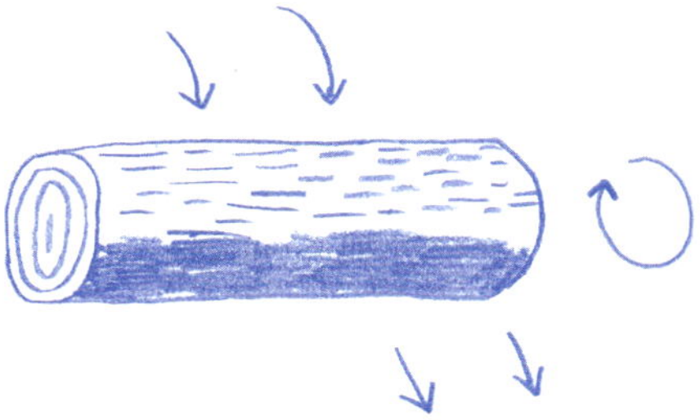

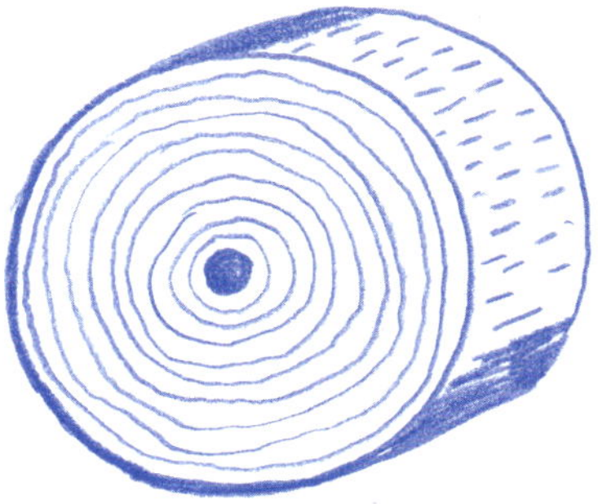

처음에 나무 바퀴는 단단한
통나무로 만들었어요.

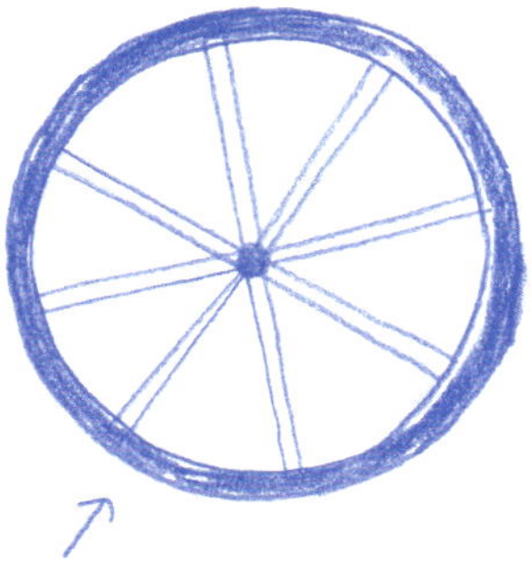

나중에는 아주 가벼워졌어요!

다른 사람보다 더 창의적인 사람이 있을까요?

일부 과학자들은 더 창의적인 사람이 있다고 생각해요. 그런 사람은 다른 사람보다 더 창의적인 성향을 물려받았기 때문이라고 여겨요. 또 정신 질환과 창의성을 연구하는 과학자들은 둘 사이에 연관성이 있다는 사실을 발견했어요. 특히 조현병(정신 분열증)처럼 특정한 질병이 있는 사람들 중에 창의적인 사람이 많은 것으로 밝혀졌어요. 특정 정신 질환이 유전된다면 틀에서 벗어나 더 창의적으로 생각하는 성향도 유전될 수 있다고 말하기도 해요.

창의력은 학습할 수 있어요

우리는 좀 더 창의적인 사람이 되는 방법을 배울 수 있어요. 하지만 살아가면서 창의성을 배운다는 건 쉬운 일이 아니에요. 창의성을 키우기 위해서는 먼저 실수를 저질러야 하거든요. 왜냐하면 창의성에 중요한 요소 중 하나가 실수기 때문이에요.

"실수를 하라고요? 정말요? 그런데 우리는 실수하지 않으려고 애쓰면서 살아가잖아요?"

맞아요. 하지만 창의적인 사람이 되려면 위험을 무릅쓰고 새로운 경험을 하는 게 중요한데 바로 여기서 실수가 생겨요. 예를 들어 새로운 디저트를 만들고 싶어 하는 요리사를 한번 상상해 보세요. 끊임없이 시도하지 않고 새로운 맛을 찾을 수 있을까요? 실패하는 게 두려워서 아무 시도도 하지 않는다면 어떻게 새로운 디저트를 만들어 낼 수 있을까요? 요리사는 다시 시도하고 다시 맛보고 또다시 실패해야 해요…….

이런 과정은 요리사의 주방이든, 과학자의 실험실이든, 일러스트레이터의 작업실이든 모든 창작 과정에서 일어나요. 그래서 창의성을 키우려면 실수하는 것이 중요해요. 이 점을 잘 기억하세요.

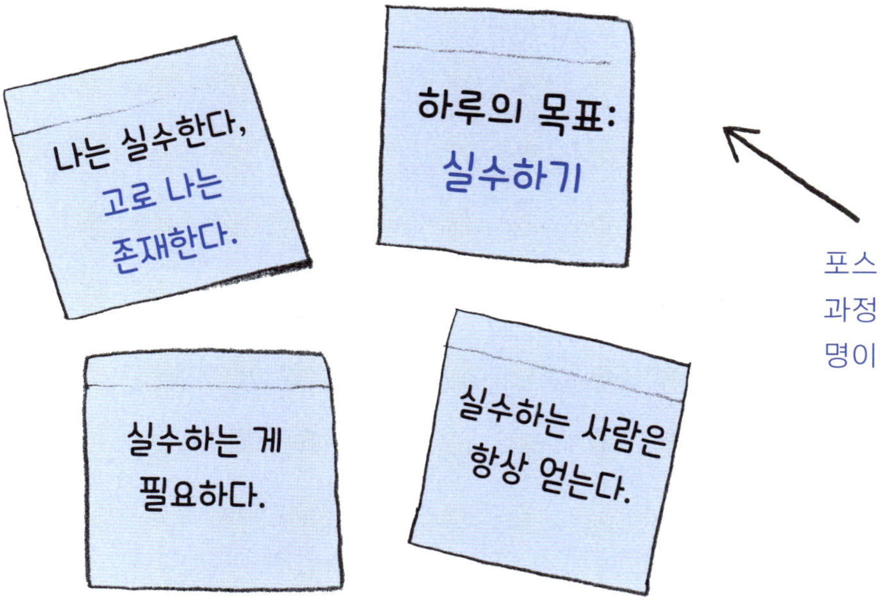

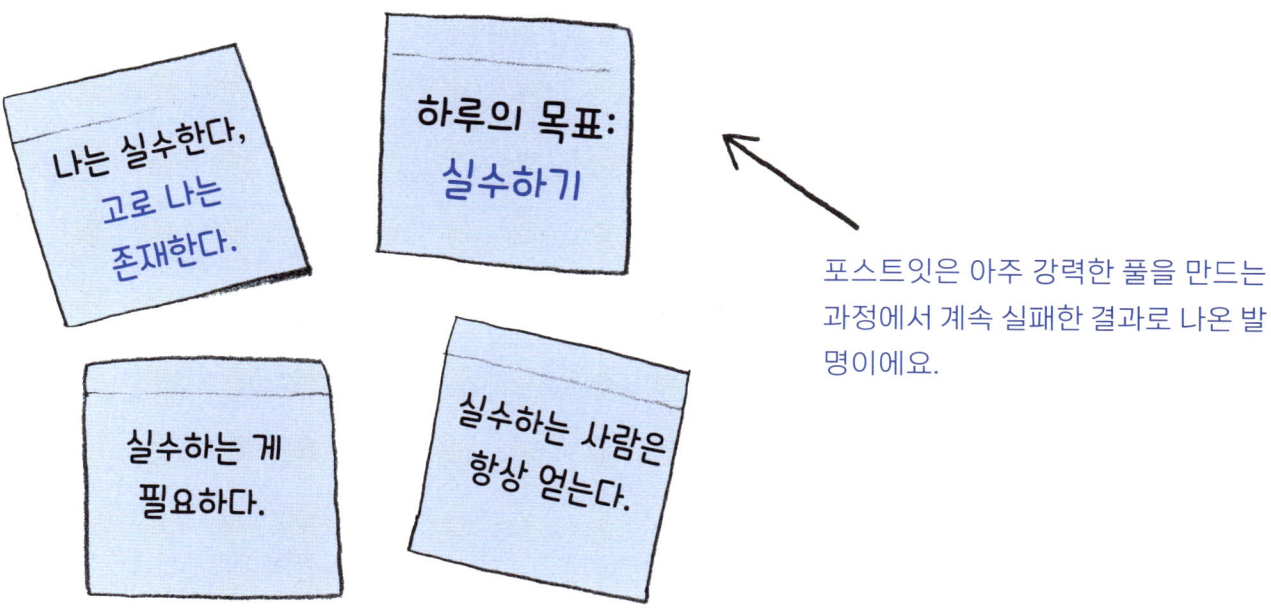

포스트잇은 아주 강력한 풀을 만드는 과정에서 계속 실패한 결과로 나온 발명이에요.

성장하고 싶다면 창의성을 마음껏 펼치는 게 좋아요. 넘어지고 긁혀도 괜찮아요. 다시 일어나면 돼요. 아일랜드 출신의 프랑스 극작가 사뮈엘 베케트가 이렇게 썼어요.

"다시 시도해라. 또 실패해라. 더 나은 실패를 해라."

수렴적 사고와 확산적 사고*

수렴: 여러 가지를 하나로 모으다.

확산: 흩어져 널리 퍼지다.

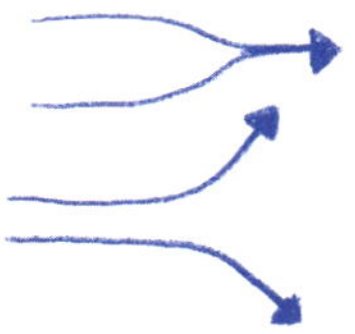

수렴적 사고는 한 가지 방향으로 해결 방법을 찾아요. 마치 모든 것이 정리돼서 하나로 합쳐지는 것처럼 말이에요. 그런데 창의적인 사람은 익숙한 방법에서 벗어나 새로운 방법을 찾는 경향이 있어요. 낯선 길로 가 보고, 확실하지 않은 방법을 시도하는 방식을 확산적 사고라고 해요. 확산적으로 생각하는 사람은 새로운 걸 발견할 수 있는 잠재력이 크답니다.

* 수렴적 사고와 확산적 사고 개념을 만든 사람은 미국의 심리학자 조이 길퍼드예요.

학교가 창의성을 떨어뜨린다고요?

음…… 학교나 선생님 그리고 학생에 따라 달라요. 하지만 안타깝게도 학교는 보통 창의적인 사고보다는 수렴적인 사고, 즉 일반 공식을 외우고 반복하는 데 좀 더 신경을 쓰고 있어요. 대부분의 학교에서 학생들은 연극, 음악, 무용, 시, 그림, 실험, 토론 등 창의력을 훈련하는 활동보다는 '네', '아니요'로만 대답하는 활동에 더 많은 시간을 보내고 있어요.

물론 그런 훈련도 중요하지요. 하지만 앞에서 살펴본 것처럼 우리의 뇌는 길들이기 나름이기 때문에 창의적인 활동도 활발히 하는 게 좋아요. 한편 효율적인 판단이 필요할 때는 이미 있는 길과 새로운 길 중에서 익숙한 길을 따르는 편이 더 좋을 거예요.

그렇다고 새로운 생각을 하지 않는다면 우리의 창의적 능력은 운동하지 않은 몸처럼 약해질 거예요.

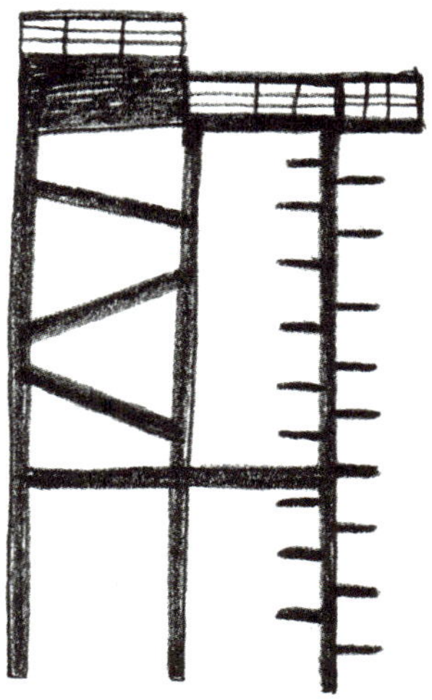

창의성이란 처음에 본 것보다 더 멀리 또는 더 가까이에서 보는 거예요.
새로운 시선으로 두 번, 세 번, 네 번 다시 바라보는 거랍니다.

예술가만 창의성을 가진 건 아니에요

예술이 창의성을 잘 보여 준다는 건 맞는 말이에요. 하지만 요리, 교육, 정원 가꾸기, 건축, 천문학, 기계학, 생화학, 정치 등 다른 분야에서도 창의성이 발휘돼요. 모든 분야에서 문제가 생길 때마다 창의적으로 효과적인 해결책을 내놓아요.

하루아침에 "아하!" 하고 아이디어가 떠오르는 건 아니에요

우리는 창의적인 사람은 특별할 거라고 생각해요. 심지어 다른 사람보다 더 적은 시간을 일해도 결과가 좋을 거라고 여기며 부러워해요. 하지만 '창의적인 사람'이 하루 종일 게으름을 피우다가 어느 순간 갑자기 기발한 아이디어를 떠올린다고 생각했다면 오해예요.

물론 우연히 벌어진 실수와 사고가 과학적인 발견으로 이어질 때도 있고, 예술 작품이 하루 만에 뚝딱 만들어지는 일도 있어요. 하지만 창의성은 준비하고, 발전시키고, 떠올리고, 실현하는 네 단계를 거쳐서 발휘되는 거예요. 아르키메데스가 목욕탕에서 부력의 원리를 깨달은 순간도 마찬가지랍니다.

토머스 에디슨은 늘 어떻게 전구를 만들지 생각했고, 미켈란젤로는 돌로 멋진 다비드 조각상을 만드는 방법을 수없이 떠올렸어요. 과학자도 예술가도 모든 창의적인 사람들은 발명품과 작품을 만들기 위해 수천 시간을 바쳐 연구하고 작업했어요. 이 시간이 쌓이고 쌓여서 창의성이라는 불꽃을 더 활활 타오르게 하는 준비 단계가 됐답니다.

프랑스의 생물학자 루이 파스퇴르는 창의성이 발휘되는 과정에 대해 역사적인 한마디를 남겼어요. 우연히 사실을 발견했다는 과학자들에게 "기회는 준비된 자에게 온다."라고 말했어요. 늘 생각하고 관심을 기울이며 끈기를 가지고 준비해 온 사람만이 문제에 대한 창의적인 답을 우연 속에서 찾아낼 수 있다는 거예요.

미국의 발명가 토머스 에디슨은 "천재는 1퍼센트의 영감과 99퍼센트의 땀으로 이루어진다."라는 명언을 남겼어요. 그러니까 여러분도 세상에 큰일을 하고 싶다면 연구하고, 연구하고, 또 연구하세요. 그러다 보면 종종 예상치 못한 새로운 해결책이, 또 여러분이 찾고 있던 방법과는 다른 해결책이 떠오를지도 모르니까요. 수많은 방법 속에서 열정적으로 해결책을 찾으려는 자세와 열린 마음을 유지한다면 어느 날 갑자기 우연처럼 기회가 찾아올 거예요.

천재 화가 피카소는 이렇게 말했어요.
"내가 찾는 게 아니라, 내가 만나는 것이다."
예술가와 과학자는 예상치 못한 일을
마주하는 데 대비해야 해요.

하필 뉴턴의 머리에 떨어진 사과

전해 오는 이야기에 따르면, 아이작 뉴턴*은 자기 머리 위에 사과가 떨어졌을 때 중력의 개념을 발견했다고 해요. 중력은 질량이 있는 모든 물체 사이에 존재하는 인력, 즉 끌어당기는 힘을 말해요. 바로 이 중력 때문에 사과가 떨어지는 순간에 뉴턴의 머리에 번뜩이는 빛이 들어온 거지요.

그런데 만약 사과가 정원사의 머리에 떨어졌다면 이런 개념이 발견됐을까요? 글쎄요, 똑같은 일이 벌어지지는 않았을 거예요. 또 뉴턴은 이미 오랫동안 수학, 기하학을 공부하고, 행성의 궤도를 측정하는 데 많은 시간을 보냈다는 점을 알아야 해요. 그러니까 뉴턴이 최종적으로 중력의 개념을 발견하기까지 긴 시간 많은 노력을 기울였다는 사실을 잊지 말아야 해요.

멋진 아이디어를 만나는 과정

여러분이 지금 과학자가 돼서, 'TXC4'라는 바이러스로 발생한 질병의 치료제를 개발한다고 상상해 보세요.

1단계: 연구하세요

첫째, 자신이 연구하는 주제를 잘 알아야 하고, 다양한 바이러스가 어떻게 활동하는지 알아야 해요. 또 이 바이러스와 관련된 자료를 찾아 가능한 한 모두 읽고, 똑같이 해

---

* **아이작 뉴턴** 영국의 물리학자이자 천문학자이며, 행성이 태양 주위를 도는 이유를 연구하다 우주의 모든 물체가 서로 끌어당기는 힘을 가지고 있다는 '만유인력의 법칙'을 발견했어요.

결책을 찾고 있는 다른 과학자의 연구에도 관심을 기울여야 해요. 왜냐하면 여러 생각이 모여 서로의 문제점을 보완하면서 새로운 해결책이 나올 수 있기 때문이에요. 이 모든 걸 연구하는 데는 많은 시간이 걸리지요.

2단계: 여러 관점에서 관찰해 보세요

그다음엔 연구하는 대상을 다양한 관점, 일반적이지 않은 새로운 관점에서도 관찰해야 해요. 예를 들어 모든 과학자가 열대 식물에서 추출한 바이러스 약화 물질을 이용해 질병 치료제를 찾고 있을 때, 여러분은 다른 방법도 찾아보는 거예요. 그러다가 어떤 특정 조건에서 바이러스와 싸우는 단백질이 사람의 혈액에 존재한다는 사실을 발견했다면 여러분은 이 지식을 연구에 적용할 수 있어요.

3단계: 연관성을 찾아내세요

A: TXC4 바이러스를 이미 잘 알고 있다.

B: 일부 식물에서 추출한 물질이 바이러스를 약화시킨다는 걸 알고 있다.

C: 특정 조건에서 바이러스를 파괴하는 단백질을 발견했다.

여러분은 예상에 없던 일이지만 A, B, C 지식을 합쳐서 연구해 보기로 했어요. 그런 다음 혈액의 단백질이 활성화되는 조건을 만들고, 열대 식물에서 추출한 물질을 결합해 마침내 TXC4 바이러스를 파괴하는, 완벽하고 확실한 해결책을 얻어요.

과학에서 창의성이 작동하는 과정은 바로 이런 거랍니다. 물론 더 효과적인 해결책을 찾는 데는 훨씬 더 오랜 시간이 걸릴 수도 있지만요.

우리는 문학, 예술, 과학, 친구와의 대화 등 어디서든 영감을 얻을 수 있어요. 예를 들어 다리를 건설하는 데 필요한 기술과 원리는 사고나 수술 후에 인체 조직이 복구되는 원리를 이해하는 데 도움이 돼요. 이렇게 모든 지식이 우리에게 유용하답니다. 다만 우리가 언제 그 지식을 사용할지, '실수'라고 여겼던 아이디어나 해결책이 어디에 쓸모가 있는지 모를 뿐이지요…….

하지만 쓸모가 생길 그날이 언젠가는 꼭 올 거예요!

미리 만들어지고, 확정되고, 준비된 아이디어는 창의력을 떨어뜨리는 장애물이에요.
왜냐하면 창의성은 미리 만들어진 것과는 정반대로, 밭에서 갓 딴 채소처럼
바로 그때의 신선한 성질을 갖고 있기 때문이에요.

도전

A와 B를 더하는 것이 항상 수학은 아니에요.

창의적인 사람은 아무 관련이 없어 보이는 것에서 연관성을 쉽게 찾아요.
덕분에 다른 사람들이 미처 보지 못하는 것을 볼 수 있지요.
마치 창의성이라는 요술 안경으로 마법을 부리는 것 같아요.
여러분도 창의성을 한번 발휘해 볼래요?

언뜻 보기에 아무 관련이 없는 아래의 이미지로 이야기를 만들어 보세요.

이야기를 만들 수 있나요? 여러분의 뇌에서는 어떤 일이 일어났을까요?
먼저 그림을 자세히 쳐다봤을 거예요.
그러면 시각 피질이 그림의 형태, 크기, 세부 사항을 파악하는 데 필요한 정보를 주었을 거예요.
그다음에는 뇌가 이미지를 인식하고 단어로 바꾸면서 의미를 붙였을 거예요.
이어서 머릿속에 생각들이 계속 떠오르고, 연관성을 찾기 위해 연합 피질이 활성화됐을 거예요.
이 과정에서 뇌는 여러분의 기억에서 정보를 가져와
여러분만의 고유한 자료로 바꾸고 이야기를 만들어 냈을 거예요.

사람마다 뇌에 저장된 기억 정보가 다르기 때문에 조금만 노력하면 전혀 다른 이야기를 만들 수 있어요.
친구가 만든 이야기를 들려 달라고 하세요.
그리고 여러분이 만든 이야기와 비교해 보세요.

창의적인 뇌의 모습

뇌 안에서 창의성이 발휘되는 과정을 찾아내기는 쉽지 않아요. 그래서 일부 신경 과학자는 창의적인 일을 하는 사람들의 삶을 연구하는 방법을 사용했어요.

예를 들어 재즈 피아니스트와 프리스타일 래퍼가 즉석에서 연주할 때 뇌가 어떻게 움직이는지를 살펴봤어요. 먼저 재즈 피아니스트가 악보를 암기한 뒤에 곡을 연주할 때와, 악보를 보지 않고 즉흥 연주를 할 때 뇌 안에 나타나는 이미지를 비교했어요.

연구 결과, 즉흥 연주를 할 때, 그러니까 창의성이 더 발휘되는 순간에 한 가지 사고에 전념하는 전두엽 피질 영역이 활성화된다는 걸 발견했어요. 한편 행동을 계획하고 억제하는 피질의 영역은 활동이 줄어든다는 결론에 도달했지요.

언제 창의성이 잘 발휘될까요?

간단해요. 창의적인 뇌는 사람들이 어떤 반응을 보이든 전혀 신경 쓰지 않을 때, 그리고 계획적으로 일을 처리하는 버튼을 끌 때 가장 잘 작동해요. 무언가 새로운 것을 만들어 내기 위해 창의성을 억누르는 일에서 벗어나 휴식을 취하는 게 필요하듯 말이지요.

이해되나요? 한번 떠올려 보세요. 여러분이 온전히 집중해서 무언가를 하고 있을 때, 동시에 다른 일을 하기가 어렵지 않았나요?

참, 프리스타일 래퍼를 대상으로 한 연구에서도 똑같은 결과가 나왔답니다!

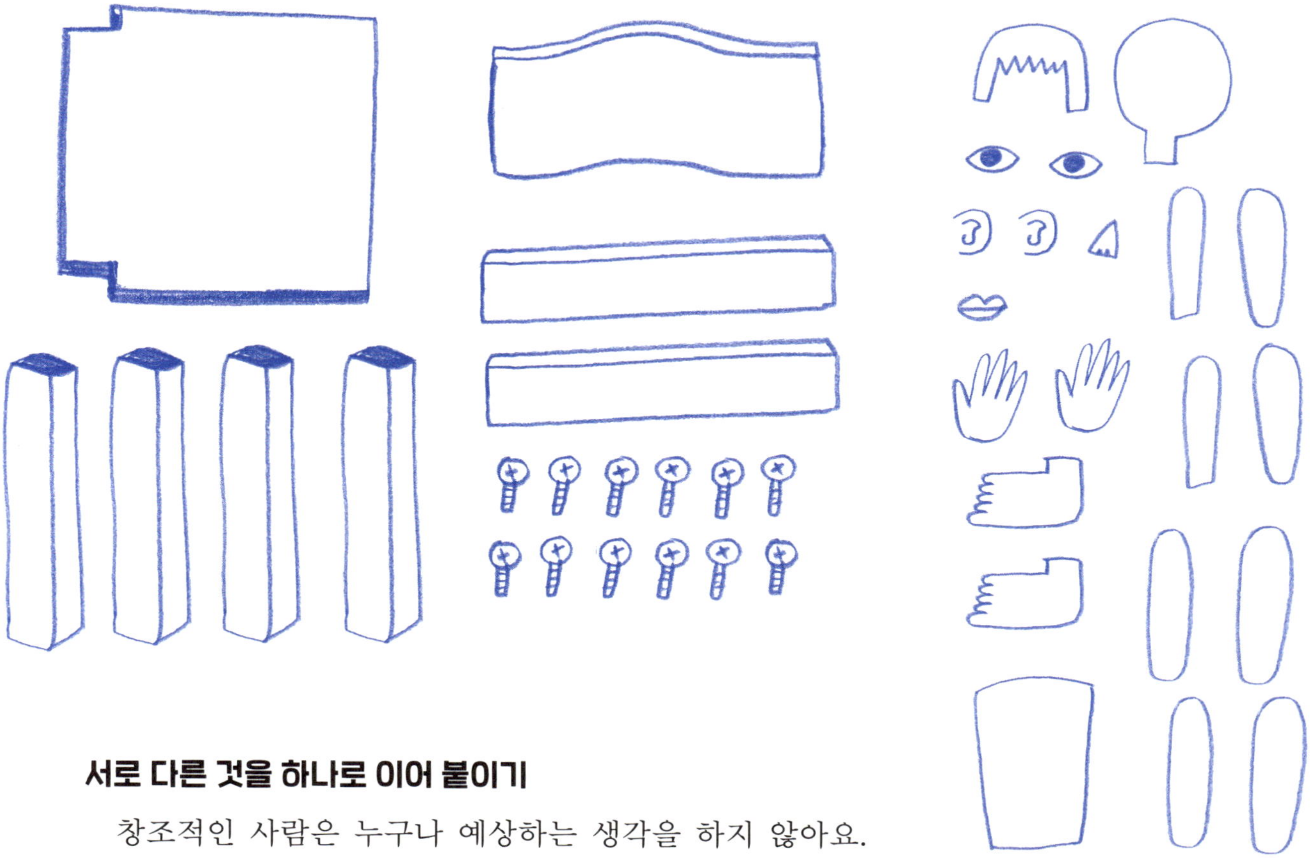

서로 다른 것을 하나로 이어 붙이기

창조적인 사람은 누구나 예상하는 생각을 하지 않아요. 그런 생각은 창의적일 수가 없거든요. 창조적인 사람은 낡은 것을 멀리하고 정해진 틀에서 벗어나려고 해요. 왜냐하면 오랫동안 변하지 않은 방식은 우리가 상상력을 펼치는 데 방해되는 장애물이기 때문이에요. 자유롭게 생각할수록 더 창의적인 일이 벌어질 수 있어요.

예를 들어 영화는 감독이 찍은 장면을 이어 붙여서 이야기를 만드는 거예요. 촬영한 소리와 영상 중에서 감독은 자신의 의도에 따라 어떤 것을 사용할지 고른 후 정리해요. 그래서 영화는 어떻게 편집하느냐가 중요해요. 편집에 따라 감독이 이야기를 전달하고, 관객이 받아들이는 방식이 달라지기 때문이에요.

물론 영화감독마다 자신만의 편집 과정이 있어요. 프랑스의 영화감독 로베르 브레송은 영화 편집 과정을 이렇게 요약했어요. "한 번도 가까이하지 않았던 것들, 그리고 가까이 있는 것 같지 않았던 것들을 가까이 다가가게 만드는 것이다."

창의적인 사람이 되는 비법이 있나요?

창의성에 정해진 비법이라는 건 없어요. 예를 들어, 요리할 때 필요한 재료를 준비하고 정해진 조리법에 따르면 음식을 만들 수는 있어요. 하지만 독특하고 맛있는 음식을 만들기 위해서는 몇 가지 태도를 갖춰야 한답니다.

주의를 기울이기

주의를 기울이고 기다리세요. 세상이 여러분에게 가져다주는 모든 것에 문을 활짝 열어 놓고, 새로운 재료를 사용할 준비가 돼 있어야 해요.

용기를 가지고 비판하기

새로운 해결책을 찾으려면 사람들이 일반적으로 여기는 것, 또 당연히 받아들이는 것에 의문을 품어야 해요. 온 세상의 모든 사람이 등을 돌려도 비판적으로 바라봐야 해요. '왜 꼭 저렇게 해야 하지? 나는 이렇게 해 볼 거야!' 다른 사람의 생각과 행동에 반대되는 의견이라도 말할 수 있어야 해요. 창의적인 사람이 되기 위해서는 특별한 용기가 필요하답니다.

생각하고, 쉬고, 방황하기

아이디어가 언제 찾아오는지는 아무도 몰라요. 아이디어는 종종 우리가 예상하지 못한 순간에 떠올라요. 하지만 그건 우연이 아니에요.

머릿속에서 좋은 아이디어가 떠오를 때는 우리 마음이 쉴 때, 특히 일에서 벗어나 편안하게 휴식을 취할 때지요. 아이디어는 머릿속에서 무르익어 가다가 우리 마음이 자유로워졌을 때, 누구도 예상하지 못한 방식으로 떠오른답니다.

오른쪽에 종이를 끼우는 데 쓰는 클립이 있어요.
또 어디에 쓸 수 있을까요? 생각해 보세요.

책상 밑이 동굴이 되는 마법

우리가 대수롭지 않게 생각하지만 놀이는 인간이 성장하는 데 매우 중요한 활동이에요. 그중에서도 가상으로 하는 놀이는 우리가 사람들과 잘 지내게 해 주고, 좀 더 창의적인 사람으로 만들어 줘요. 심리학자와 교육자들은 '상징적 놀이'라고 부르는데, 예를 들어 방바닥에 누워 죽은 시늉을 한다든가, 인형을 친구라 생각하고 말을 거는 행동 같은 거예요. 어떤 사람, 사물, 상황, 사건 등을 실제라고 가정하고 노는 거지요. 어릴 때 동굴이라고 생각하면서 책상 아래 숨어서 논 적이 있나요? 시장놀이나 전쟁놀이, 학교놀이는요?

어렸을 때 한 놀이는 대부분 뇌가 많이 하는 활동을 미리 연습한 거랍니다. 창의력을 사용해서 세상을 표현하고, 앞으로 마주하게 될 다양한 상황을 훈련한 거지요. 예를 들면 문제를 해결하고 협상하는 일, 갈등을 해소하고 감정을 조절하는 일, 규칙과 질서를 만드는 일을 대비한 셈이랍니다.

도전

내가 이상하다고요?

사람들의 눈에 이상하게 보일 수도 있는 일을 한번 해 보세요.
여러분이 평소에 생각한 틀에서 벗어나서 행동하면 잠재된 창의성을 깨우는 데 도움이 될 수 있어요. 예를 들면 아래와 같은 일이에요.

- 눈을 감고 그림 그리기
- 학교에서 집으로 가는 길에 들리는 모든 소리에 귀 기울이기
- 친구들과 새로운 언어를 만들어 보기
- 컴퓨터, 텔레비전, 스마트폰 없이 저녁을 보내기

이제 여러분만의 이상한 계획을 세워 보세요.

튜링 머신: 영국의 수학자 앨런 튜링이 1936년에 설계한 기계인데, 최초의 컴퓨터로 알려져 있어요. 정말 멋진 발명품이지요?

미적 경험

익숙한 자신을 벗어나

잠시 떠났다가 돌아오면,

우리의 모습이 달라 보입니다.

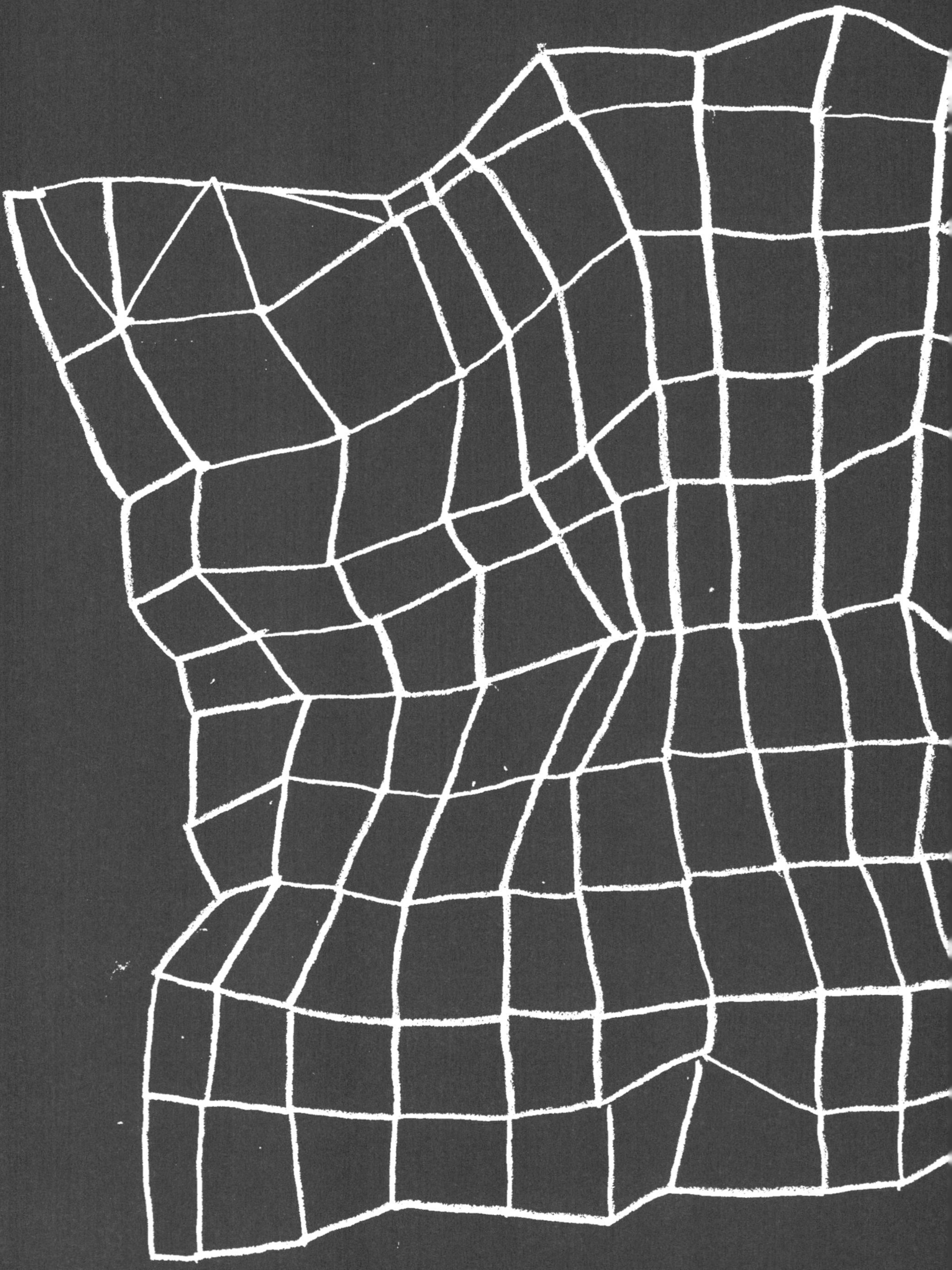

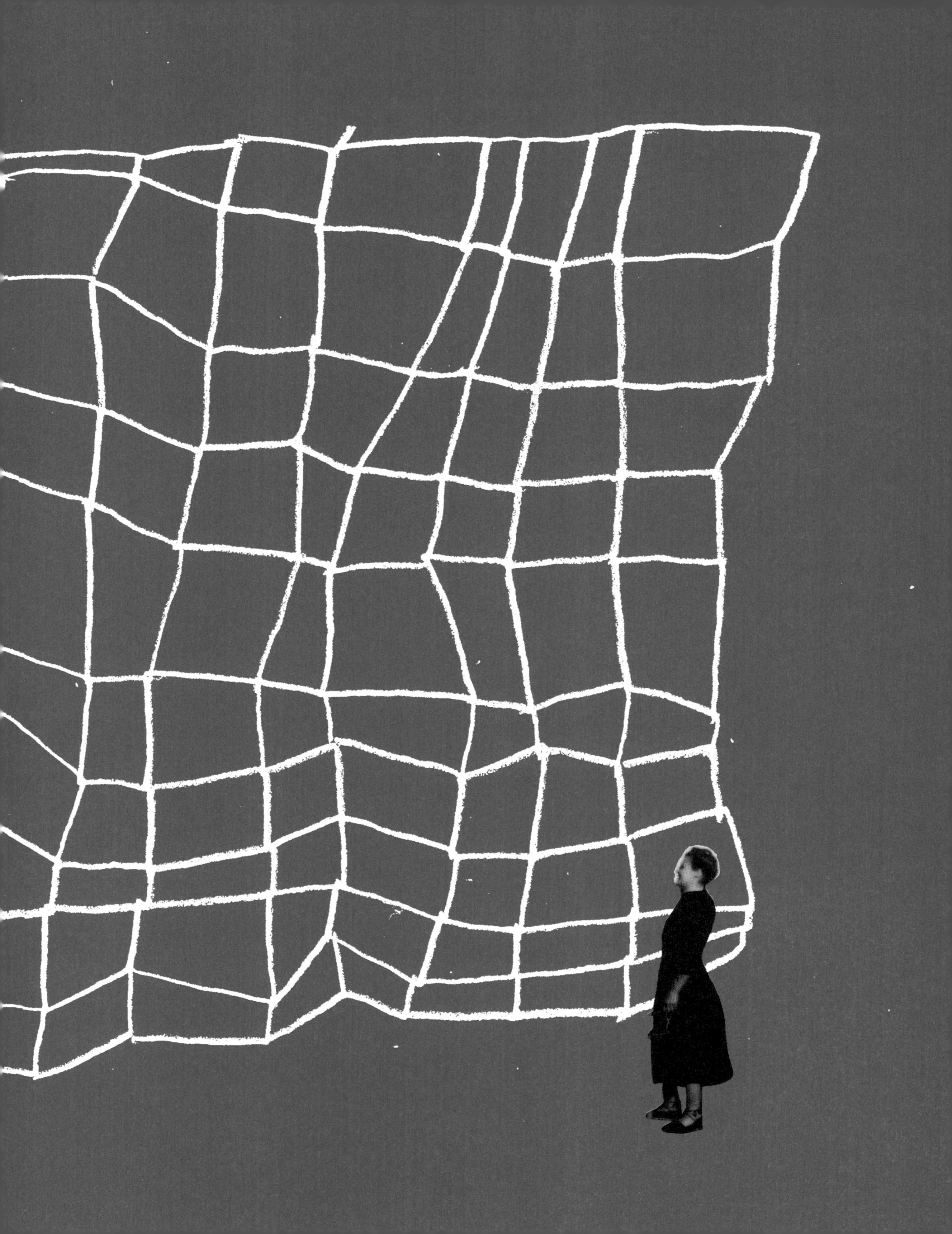

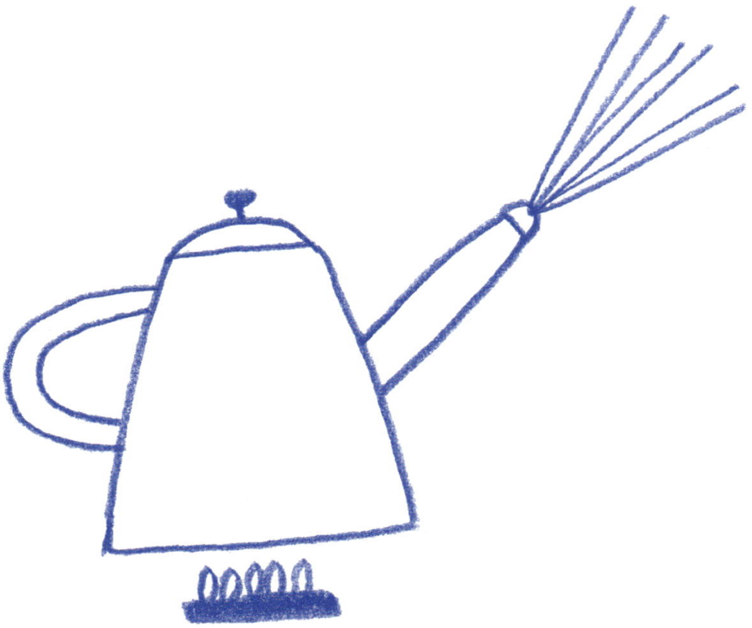

살아가는 데 또 무엇이 필요할까요?

우리가 살아가는 위해서는 산소, 에너지, 휴식 외에도 많은 게 필요해요. 그중에는 사람들을 만나 접하게 되는 새로운 도전과 경험도 있고, 또 호기심이라는 것도 있어요. 만약 호기심을 전혀 느끼지 않는다면 세상을 살아가는 일이 쉽지 않을 거예요.

우리는 언제나 숨 쉬고, 잠자고, 먹고, 말하고, 발견하고, 배우지요. 그런데 이런 일상적인 생활을 하다가 가끔은 또 다른 세계를 마주할 때가 있어요. 오케스트라 연주를 듣거나 책을 읽을 때, 또는 멋진 풍경이나 조각상을 감상할 때 특별한 감정이 느껴지잖아요. 이 현상을 미적 경험이라 부르는데, 아름다움뿐만 아니라 여러 가지 감각으로 다양한 감정을 느끼는 경험을 말해요.

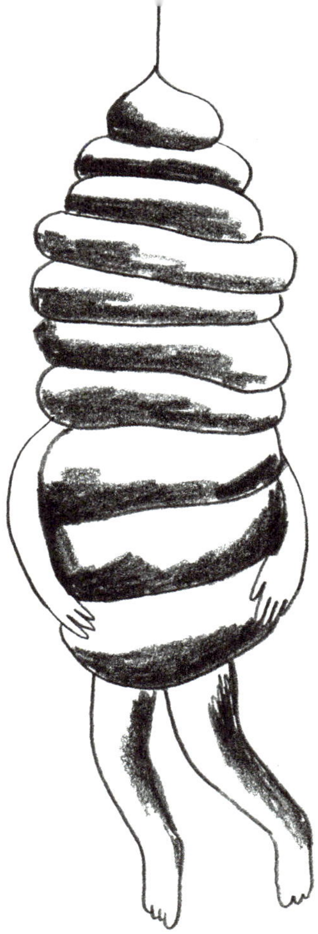

예술이 아름다움만을 추구하는 건 아니에요.
사회나 정치에 대한 생각도 예술이 될 수 있어요.
그래서 예술 작품은 언짢거나 충격적이거나 공격적일 수도 있어요.
하지만 중요한 건 예술 작품을 경험하는 일이
우리를 어떻게든 변화시킨다는 사실이에요.

그런데 한 가지 의문이 들어요. 만약에 뇌가 단순히 살아가기 위해, 또는 살아남을 가능성을 높이기 위해서만 존재한다고 생각한다면, 굳이 미적 경험이 필요할까요? 우리는 음악을 듣지 않아도, 아름다운 풍경을 보지 않아도, 이미지가 떠오르는 그림이 없이도, 삶을 바꿔 주는 책을 읽지 않아도 살아갈 수는 있으니까요.

루이즈 부르주아*, 〈나선형의 여인〉, 1984.

철학자들은 뭐라고 얘기할까요?

많은 철학자가 '미적 경험'이 무엇인지 고민했어요. 일부 철학자는 미적 경험을 다른 경험과 구별하기 위해 아이스크림 맛보기와 비교해서 강조했어요.

- 첫째, 책이나 그림 같은 미적 대상을 감상하는 일은 아이스크림을 맛보는 것과 달라요. 미적 경험은 대상을 바꾸거나 먹어 없애거나 구매하는 게 아니라 자유롭게 풀어 주는 걸 말해요.
- 둘째, 미적 경험은 같이 먹으면 먹을수록 더 빨리 없어지는 아이스크림과 달리 언제든 함께 느낄 수 있고, 끝없이 공유할 수 있어요.

* **루이즈 부르주아** 프랑스 태생의 미국 추상 표현주의 조각가로, 20세기 가장 주목받은 조각가 중 한 명이랍니다.

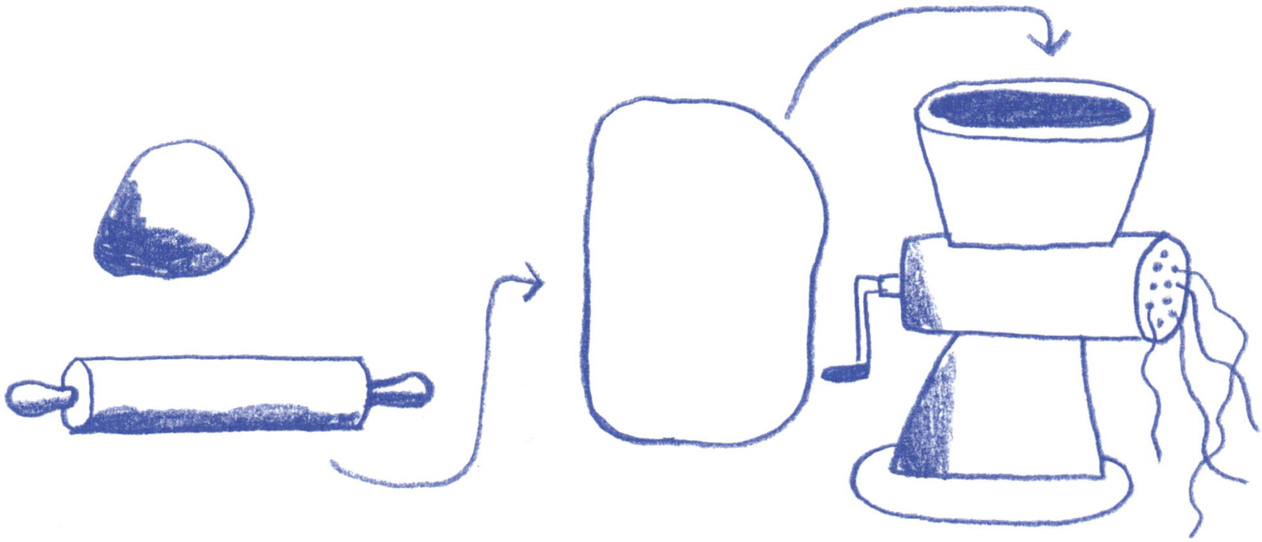

'미적' 경험은 어디에 쓰일까요?

미적 경험으로 우리는 감정을 표현하고, 다른 사람의 감정도 알게 돼요. 또 세상에 질문하거나 세상을 바라보는 다른 관점도 알 수 있어요. 아니면 단순히 미적 경험이 우리에게 즐거움을 준다고 말할 수도 있어요. 하지만 미적 경험의 의미가 오직 즐거움만 있을까요? 과학자들은 항상 모든 것에는 이유가 있다고 의심하면서 문제를 제기해요. 뇌가 우리에게 즐거움이라는 보상을 주는 데에는 분명 이유가 있을 거라고 생각한답니다. 어떤 이유일까요?

철학자, 심리학자, 미술사가, 예술가 등 다양한 분야의 연구자들은 잘 알려지지 않은 미적 경험에 대해 관심을 가지고 의문을 품어요. 최근에는 신경 과학자로 이뤄진 여러 연구 팀이 예술 창작자든 단순한 감상자든 예술적·미적 경험을 할 때 뇌의 어느 부분이 활성화되는지 연구하고 있어요. 덕분에 '신경 미학'이라는 새로운 분야가 생겼답니다. 새로운 것을 발견할 때 늘 그렇듯이 계속해서 다양한 연구가 이뤄지고 있어요.

다음은 그런 연구의 일부입니다.

연구 1: 아이스크림과 예술 작품을 즐기는 것이 같을까요?

이 질문에 대한 답을 찾으려고 다음과 같은 가정을 세운 연구자들이 있어요.

- 우리의 뇌는 생존하기 위해 음식, 표정, 소리 등 세상에 있는 여러 가지를 평가한다.
- 이 평가 시스템을 예술이나 자연의 경치를 감상하는 영역으로 넓혀 간다.

연구자들은 아이스크림과 예술 작품을 즐길 때 더 활발하게 움직이는 공통 영역이 있을 거라 생각하고 연구했어요. 그리고 결국 그 부위를 찾아냈어요. 두 경험에 모두 반응을 보인 영역 중 하나가 이미 앞에서 살펴본 적이 있는 뇌섬이에요. 기억이 나나요?

바로 이 뇌섬이 우리가 고통이나 혐오감을 느낄 때 커지고, 어떤 걸 좋아하고 싫어하는지를 결정하는 데 영향을 끼치는 뇌의 영역이에요.

하지만 아직은 아이스크림처럼 우리에게 커다란 즐거움을 주는 무언가를 누리는 경험이 요한 제바스티안 바흐*의 소나타를 즐기는 경험과 같다고 확신할 수는 없어요. 그래서 몇몇 연구자들이 다음의 주제에 대해 답을 찾기 위해 노력하고 있어요.

- 수학에도 아름다움이 있을까?
- 예술은 무엇에 쓰일까?
- 많은 사람이 특별하지 않다고 여기는 추상화가 누군가에게는 왜 그리 흥미로울까?
- 예술은 왜 우리를 매혹하고 큰 즐거움을 주는가?
- 화가가 그림을 그리고, 음악가가 곡을 연주하고, 무용수가 춤을 추는 동안 뇌에서는 어떤 영역이 활발하게 움직일까?

연구 2: 수학 방정식에도 아름다움이 있을까요?

뇌 과학 분야에서 유명한 신경 과학자 세미르 제키는 수학자가 수학 방정식을 '아름답다'고 묘사한다는 사실에 흥미를 느꼈어요. 그래서 수학처럼 추상적인 것에서 느끼는 아름다움과 음악이나 그림을 감상할 때 느끼는 아름다움을 비교해 보기로 했어요. 먼저 세미르 제키 박사는 수학자 열다섯 명에게 몇 가지 방정식을 보여 주고 '아름답다', '그냥 그렇다', '별로다' 세 가지로 분류하게 한 뒤, 뇌 활동을 분석했어요.

실험 결과, 수학에서 느끼는 아름다움은 소리, 이미지 등 예술 작품을 감상할 때 느끼는 아름다움과 마찬가지로, 눈썹 뒤에 있는 안와 전두피질 영역을 활성화시킨다는 사실을 발견했어요.

*** 요한 제바스티안 바흐** '음악의 아버지'로 널리 알려진 바흐는 모차르트, 베토벤과 함께 역사적으로 가장 뛰어난 음악적 업적을 이룬 작곡가로 평가받고 있어요.

나는 사행시와 네 가지 맛 아이스크림이 주는 즐거움
중에서 무엇을 골라야 할지 결정할 수가 없어요.

연구 3: 예술 작품은 우리를 어디로 이끌까요?

누구는 예술이 표현하기 쉽지 않은 감정, 미묘하고 섬세한 감정을 사람들에게 전달하는 거라고 해요. 그런데 정말 감정 표현이 예술의 전부일까요?

꼭 그렇지는 않아요. 예술적인 경험으로 학습이 이뤄지기도 하니까요. 어떻게 예술로 지식을 얻을 수 있을까요? 예술을 무시하는 건 아니지만, 정말 예술이 우리가 살아가는 데 중요한 지식을 알려 줄까요? 하지만 예술이 없어도 우리는 살 수 있잖아요?

많은 학자들은 예술이 일상적인 공간에서 벗어나 멀리 떨어진 더 특별한 곳으로 우리를 데려갈 것이라고 말해요. 마치 신발을 신거나 설거지할 때는 느낄 수 없는 특별한 종류의 생각과 감정을 예술적 경험으로 느낄 수 있는 것처럼요.

예를 하나 들어 볼게요. 소설을 읽거나 그림을 감상할 때, 뉴런(거울 뉴런)은 우리가 보고, 읽고, 듣는 것을 그대로 느끼게 해 줘요. 이 미적 경험은 우리가 세상을 다양한 시선으로 바라보게 이끌고, 더 많이 생각하고 질문하게 만들어요. 이 정도면 예술이 우리를 특별한 세계로 데려간다고 할 수 있겠지요?

예술 작품을 감상하면
뇌가 보고, 듣고, 읽는 각 영역에서 해석이 이뤄져요.
그리고 스스로 질문하며,
기억이나 추억을 추가해 고유의 자료를 만들어요.

그 밖에도 예술은 가끔 피곤한 현실에서 벗어나 쉴 수 있는 기회를 주고, 뇌가 복잡한 일상을 정리하게 만들어요.

어떤 사람들은 예술 작품이 현실과 자신으로부터 잠시 떠나게 하고, 변화된 모습으로 돌아오게 만드는 위대함이 있다고 말해요. 또 예술 작품이 우리를 현실에서 벗어나게 이끌수록, 그러니까 우리가 예술 작품을 감상할수록 다른 시선과 힘을 가지고 일상으로 돌아오는 능력이 더욱더 커진다고 말해요.

질문

예술이 우리를 바꿔 버릴지도 몰라요!

누군가 "이 책을 읽고 내 인생이 달라졌어."라고 말한 적이 있나요? 그 말을 믿을 수 있나요? 그런데 어느 정도는 맞는 말이에요. 책을 읽고 나면 새로운 시냅스가 형성되고, 우리는 새로운 세계관을 가진 사람이 되니까요. 지금의 여러분을 있게 한 노래, 연극, 영화는 무엇인가요? 여러분의 인생을 바꾼 가수나 음악 밴드, 예술가는 누구인가요?

연구 4: 추상 미술의 매력은 무엇일까요?

'일상 모드'에서 뇌는 현실을 고민해야 하지만 '예술적 모드'에서는 그럴 필요가 없어요. 예술에 빠진다는 건 방학이나 휴가를 즐기는 것과 같아요. 왜냐하면 감각에 속하는 모든 걸 가지고 놀 수 있기 때문이에요.

그래서 예술가는 현실을 있는 그대로 표현하지 않는답니다. 예를 들어 스페인 화가 파블로 피카소는 '청색 시대'라고 불리는 활동 초기에 청색 한 가지 색깔만 작품에 사용했어요. 또 입체파 화가들처럼 대상을 해체해서 동시에 여러 관점으로 표현하기도 했어요.

추상 미술은 우리가 일상적인 사물, 인물, 풍경에서 벗어나 쉴 수 있는 기회를 줘요. 뇌에는 현실을 인식하기 위해 작동되는 영역이 많이 있어요. 그러니까 우리가 추상화를 감상하는 건 뇌에 엄청난 해방감을 줄 수 있어요. 걱정, 고민 등 모든 것에서 해방된 뇌는 현실의 정보를 자동으로 인식할 필요가 없어지지요. 그저 재미로 보고, 새로운 걸 찾고, 내면을 들여다보며 자신의 감정과 정신을 관찰하는 즐거움을 누릴 수 있어요.

이 그림을 보고 나면 지금의 나는
결코 예전과 똑같지 않아요.

또 다른 연구: 우리의 뇌는 예술가일까요?

영국의 세미르 제키나 인도 태생의 빌라야누르 라마찬드란 같은 신경 과학자들은 뇌의 활동과 작품을 창작하는 일이 비슷하다고 주장해요. 그러니까 예술가가 뇌처럼 어떤 상황에서 자신이 중요하게 생각하는 걸 포착해서 작품에 담는 게 뇌의 활동과 닮았다는 거예요. 뇌는 예술가들처럼 이 세상의 멋진 정보를 모아 우리에게 보여 준답니다.

어느 가을날, 바다를 보고 싶어 해변에 갔다고 상상해 보세요. 우리의 감각 기관은 바다의 냄새, 파도의 거품 색, 이 외에도 수많은 정보를 전달해요. 동시에 뇌는 수백 가지의 다양한 자극을 받게 되지요.

예를 들어 해변에 앉아 모래, 바닷물, 하늘을 바라보고 있어요. 햇빛이 반사되고, 파도가 치고, 구름이 움직이는 정도에 따라 색깔이 달라지는 게 느껴져요. 또 해변에서 가까운 곳에서 서핑하는 사람들과 저 멀리 수평선에 떠 있는 배가 다르게 보여요.

그러다 갑자기 먹구름이 몰려와 하늘을 뒤덮고, 바닷물이 어두워지고, 서핑하던 사람들이 떠나고, 배도 시야에서 사라진다면 조금 전 해변에서 바라본 풍경이 싹 바뀔 거예요. 이렇게 급격히 바뀌는 상황에서 뇌는 어떻게 반응할까요? 이전에 본 해변과 같은 곳이라는 걸 어떻게 알 수 있을까요? 세상은 계속 변하는데 우리는 어떻게 똑같은 세상이라고 인식할 수 있는 걸까요?

그것은 뇌가 변화를 간결하고 단순하게 인식해서 중요한 것에만 집중하게 만들기 때문이에요. 그러니까 우리는 보이는 것 중에서 한 가지를 선택해 보는 거예요. 세미르 제키와 빌라야누르 라마찬드란이 말한 것처럼, 예술가가 중요하게 생각하는 걸 포착해서 작품에 담듯이, 뇌도 필터처럼 중요한 것만 걸러서 인식하는 거예요.

무엇이 예술 작품을 걸작으로 만들까요?

이 질문에 '숙달된 기술'이라고 말했다면 그건 정답이 아니에요. 하지만 완전히 틀린 답도 아니에요. 물론 더 완벽한 작품을 만들기 위해 기술을 익히는 것도 필요하지요. 많은 시간을 들여 바이올린을 연습하거나 글을 쓰면 실력이 늘어나는 건 사실이니까요.

하지만 걸작이 되려면 단순히 시간을 쏟기보다는 창의적인 이야기를 담아야 해요. 그래야 비로소 예술가는 상상의 날개를 펼치고 숱한 해석을 불러일으키는 다양하고 독창적인 작품을 만들어 낼 수 있어요. 이렇게 아주 뛰어난 작품이 바로 걸작이 되는 거예요.

요제프 보이스,
<펠트 슈트>, 1970.

모든 사람이 예술가

독일 화가 요제프 보이스는 "모든 사람이 예술가"라는 말을 했어요.

농업에서 교육에 이르기까지 각자 활동하는 분야에서 윤리적·경제적·환경적인 관점으로 창의적인 해결책을 내놓아요. 이렇게 모든 사람이 더 나은 사회를 만들어 나간다는 점에서 예술가라고 본 거예요.

도전

예술가는 작품에서 무엇을 추구할까요?

현실을 있는 그대로 표현하는 것? 현실을 새롭게 창조하는 것? 현실을 과장하는 것? 현실을 넘어서는 것? 현실을 이해하는 것? 현실을 다르게 해석하는 것? 현실에서 도망치는 것? 현실을 파괴하는 것? 이 중에 정답이 있을까요? 생각해 보면서 지금 보이는 풍경을 한번 그려 보세요.

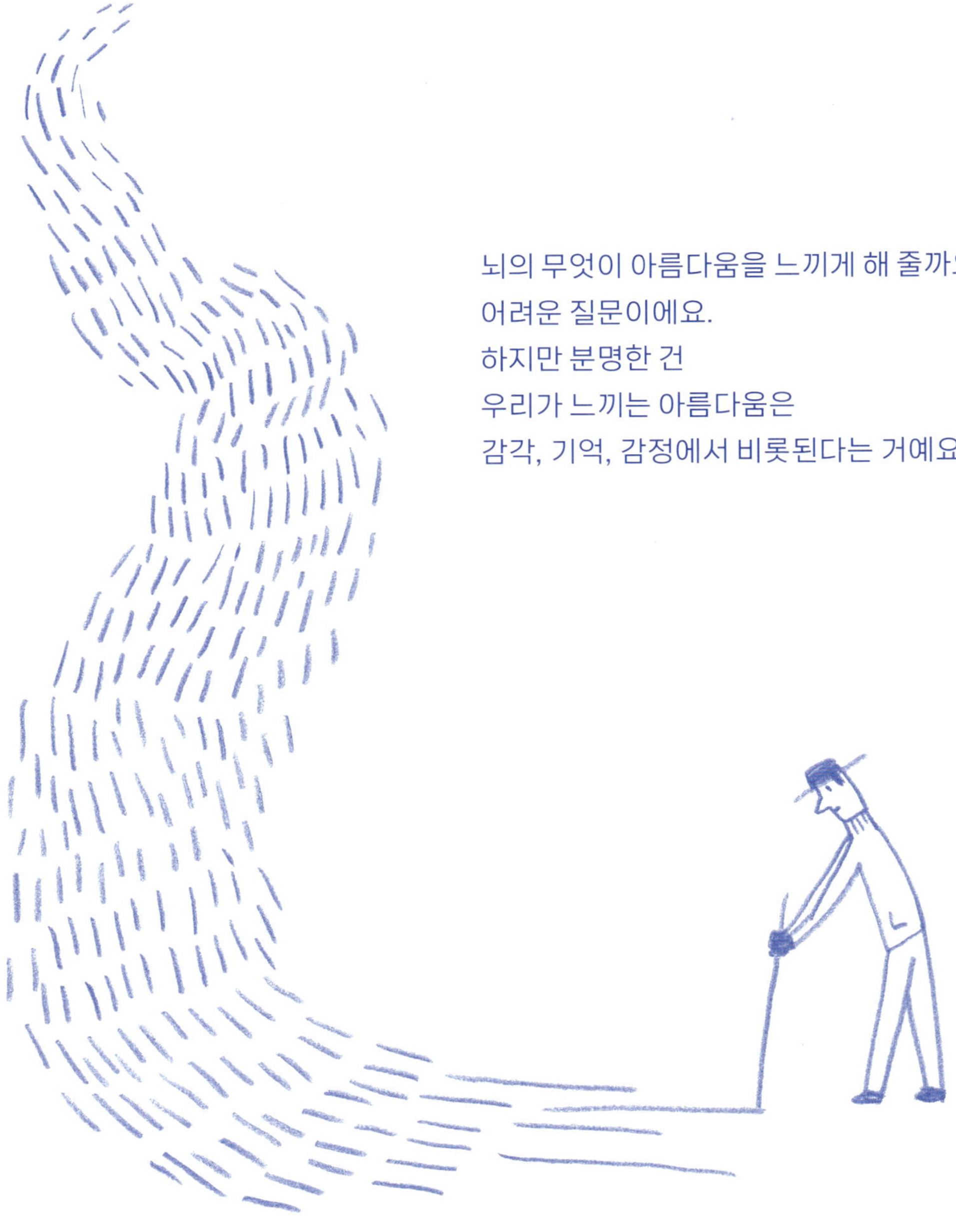

뇌의 무엇이 아름다움을 느끼게 해 줄까요?
어려운 질문이에요.
하지만 분명한 건
우리가 느끼는 아름다움은
감각, 기억, 감정에서 비롯된다는 거예요.

도전

그림을 그리면 뇌가 종합적으로 활동해요.

두려워하지 말고 시도해 보세요.

그림을 그릴 때는 뇌의 여러 영역이 동시에 움직여요.
먼저 종이를 준비한 다음, 연필이나 펜을 골라서
주변 모습을 그려 보세요. 컵, 신발, 잠자는 고양이…….
그다음에는 아래 안내에 따라 연습해 보세요.

- 연습 1: 종이를 보지 않고 그리기
- 연습 2: 왼손으로 그리기
- 연습 3: 선으로만 그리기
- 연습 4: 빛과 그림자로만 그리기

어떤 그림이 나올지는 걱정하지 마세요. 관찰한 뒤에 그냥 그려 보세요.
실수를 두려워하지 말아요. 그리고 꼭 기억하세요!
틀린 그림이나 나쁜 그림이라는 건 없어요. 모든 게 경험이에요.

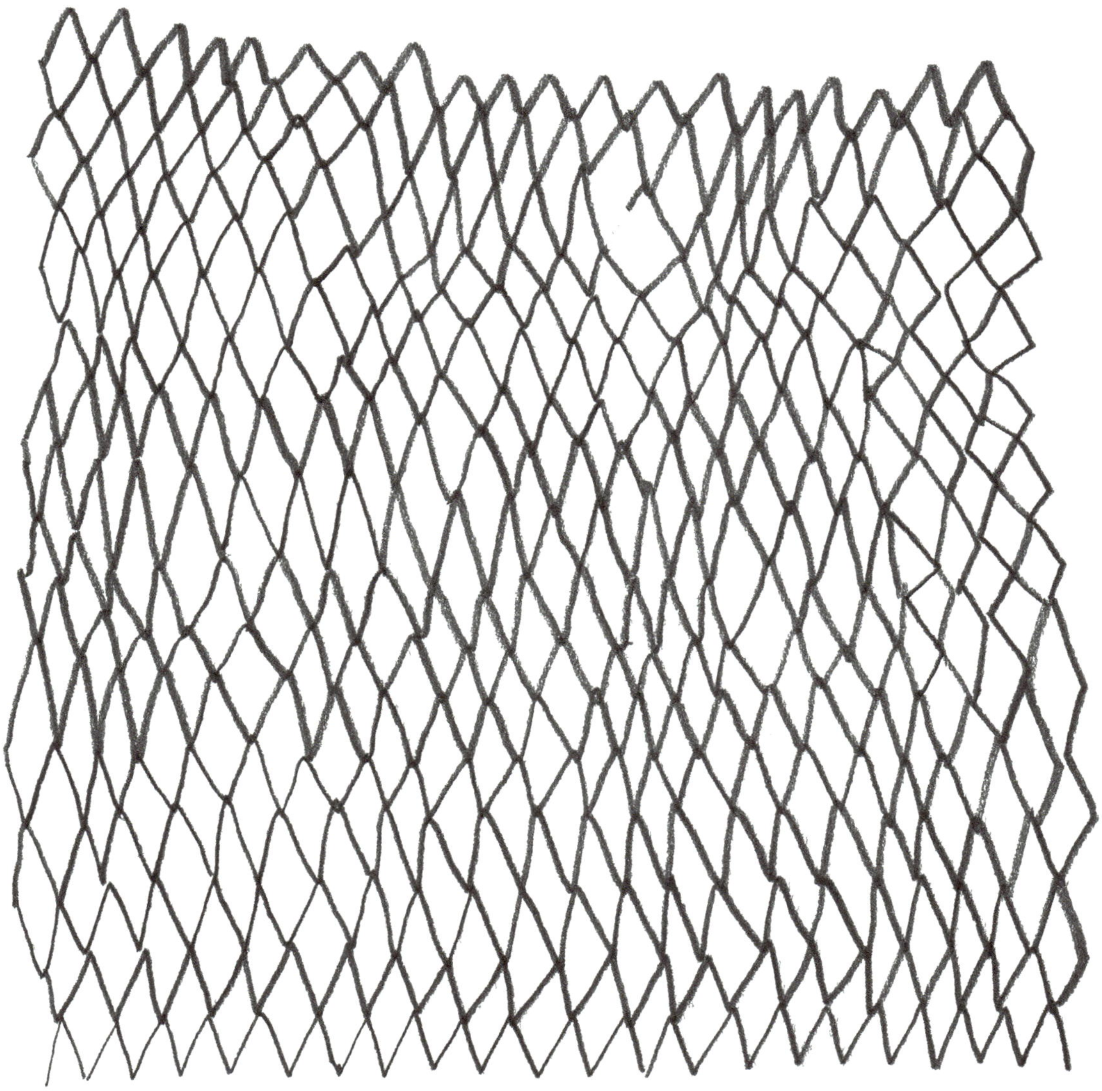

예술 활동은 즐거움이 넘쳐흘러요

음악, 춤, 그림이나 독서는 뇌의 쾌락 중추, 특히 측좌핵을 활발하게 해요. 이런 활동을 할 때 뇌는 맛있는 아이스크림을 먹을 때와 똑같이 도파민을 만들어 내요.

그래서 일부 과학자들은 "아이스크림을 먹는 것이나 그림을 그리는 것이나 같은 활동이다."라고 말하기도 하지요. 하지만 예술 활동은 더 나아가 감정과 관련된 편도체와 사고와 관련된 전두엽 피질 영역도 활발히 움직이게 해요.

예술적 경험을 할 때, 뇌의 모든 영역이 활성화되지는 않아요. 대신 여러 영역이 서로 영향을 미치며 활동한답니다. 또한 우리가 감상하는 춤, 영화, 음악 등에 따라 관련된 영역 역시 다양해요.

예를 들어 우리가 무용 공연을 볼 때는 시각 피질이 참여해요. 공연에서 음악이 나오면 청각 피질과 운동 피질도 참여해요. 우리는 보기만 하지만 뇌는 춤 동작을 계속 따라가기 때문이에요.

기억 및 감정과 관련 있는 영역인 과거의 경험도 춤의 아름다움을 이해할 수 있도록 우리에게 얘기해 줘요. 우리가 춤 보는 걸 좋아했는지, 지루하다고 느꼈는지 아니면 특정한 무용수를 좋아했는지 등…… 모든 게 현재의 경험에 영향을 미칠 수 있어요.

음악이 주는 즐거움

미국의 신경 과학자 대니얼 레비틴은 실험을 통해 우리가 음악을 들을 때 뇌는 청각 피질뿐만 아니라 운동 조절과 평형 감각을 책임지는 소뇌(작은골)에도 신호를 보낸다는 결과를 얻었어요.

따라서 소뇌는 일종의 박자와 리듬 측정기로, 음악을 들으면 음악에 맞추게 돼요. 우리가 느끼는 즐거움은 바로 이러한 현상과 관련이 있어요. 또 다음에 이어질 소리를 짐작하고, 예상치 못한 변화에 놀라는 걸 좋아하고 즐거워해요.

뇌는 순간순간 스스로 음악과 맞추면서 쾌락을 느낀답니다.

우리 안의 예술

왜 음악과 춤이 인간의 삶에서 중요할까요?

학자들은 음악이나 춤 같은 활동이 옛날에는 지식을 전달하는 방식이었다고 말해요. 글이 없던 시절에는 노래와 춤으로 소통하며 협력을 확인할 수 있었어요. 또 깜깜한 밤에 여럿이 모여 맹수에 대한 두려움을 물리치고, 힘을 모아 어려운 일을 해결했어요. 농사할 때 함께 부르는 노동요는 일하는 동작을 서로 맞추는 데 도움이 되었답니다.

읽는 그대로 느끼는 뇌

우리가 글을 읽을 때 머릿속에 떠오르는 이미지는 문학의 영향이 얼마나 큰지 잘 보여 주고 있어요. 왜냐하면 글을 읽으며 그 내용을 경험하기 때문이에요. 또 살아가면서 겪는 경험이 우리를 변화시킨다는 것도 알고 있지요.

감옥에서 탈출하는 순간이나 사랑에 빠져 입 맞추는 순간을 묘사한 글을 읽을 때 뇌에서는 어떤 일이 벌어질까요? 우리 뇌도 탈출하기로 마음먹을까요? 사랑의 행복감을 느낄까요?

맞아요. 과학자들은 처음에는 달리기, 점프하기, 키스하기 등 행동과 관련된 단어가 그 행동과 관련 있는 뇌 영역을 활성화한다는 사실을 발견했어요. 그다음에는 더 많은 사실을 발견했어요.

우리가 손의 움직임, 예를 들어 검을 휘두르는 손이나 오케스트라를 이끄는 지휘자의 손, 또 처음으로 맞잡은 두 손과 관련된 글을 읽을 때, 뇌는 마치 우리가 직접 경험하는 것처럼 반응한다는 사실을 말이에요.

멋진 예들은 더 있어요. '커피'처럼 냄새와 관련된 단어를 읽을 때는 뇌에서 언어 영역뿐만 아니라 냄새와 관련된 영역도 서로 연결돼요. 촉감도 마찬가지예요. 어떤 글이나 시에서 쓰인 비유적 표현인 "피부가 비단같이 곱다."를 읽을 때 우리 뇌는 비단의 부드러운 촉감을 느끼는 것처럼 관련된 영역들이 활발하게 반응해요.

도전

시로 순간 이동을 해요.

"내 마음은 호수요."와 같은 은유적인 표현은 한 단어를 다른 감각의 영역으로 옮겨 새로운 의미를 주는 거예요. 시는 단어를 자유롭게 사용함으로써 더 잘 표현할 수 있어요. 아래 예시를 은유적으로 설명해 보세요.

- 머리칼
- 피곤할 때 마음 상태
- 형제자매 또는 친구에 대해 느끼는 감정

더 알고 싶다면

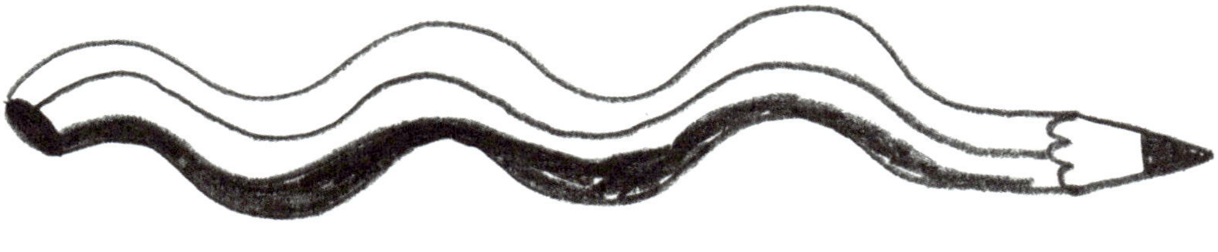

조금 다른 뇌

뇌가 다른 방식으로 작동할 때

수조 개의 시냅스로 이뤄진 뇌가 늘 완벽하게 작동되는 건 아니에요. 정상적이지 않은 뇌를 가지고 태어나거나, 갑작스러운 병이나 사고로 뇌 기능이 잘못되는 경우가 생길 수도 있어요.

신경 과학 분야는 사람들의 뇌를 관찰하면서 계속 발전하고 치료 방법도 개발했어요. 하지만 정상적이지 않은 뇌를 가진 사람들이 세상에 적응하고 살기에는 아직 부족해요. 왜냐하면 그런 사람들은 현실을 조금 다른 방식으로 이해해서 따돌림을 받거나 무언가를 성취하기 어려워서 불리한 상황에 처하는 경우가 많기 때문이랍니다.

대부분의 경우 뇌 문제는 다리가 부러지거나 다쳐서 상처가 나는 것과 달리 겉으로 드러나 보이지는 않아요. 하지만 우리 주변 세계를 판단하고 반응하는 방식, 또는 생각하는 방식에서 조금 차이가 나타나지요.

아마 여러분은 난독증*이나 과잉 행동 장애*(ADHD)와 같이 뇌가 남들과 다르게 작동하는 사람들에 대해 들어 본 적이 있을 거예요. 어쩌면 학교 친구나 이웃 중에 이런 특성을 보이는 사람이 있을지도 몰라요.

이런 사람들은 무언가를 배우거나 게임을 할 때 다른 사람보다 좀 더 어려움을 겪을 수 있어요. 대신 다른 사람에게는 없는 능력을 갖고 있을 수도 있지요.

모든 사람이 그렇듯이 그들도 우리처럼 친구 사귀는 것을 좋아하고,
같이 게임도 하고 함께 장난치며 노는 것을 좋아해요.

***난독증** 지능, 시각, 청각이 모두 정상인데도 글자를 읽고 이해하는 데 어려움이 있는 증상이에요.

***과잉 행동 장애** 아동기에 주로 나타나는 장애이며, 주의력이 부족하여 산만하고 지나친 활동과 충동적인 행동을 보이는 상태를 말해요.

뇌는 모든 것을 위해 모든 것을 바쳐요

다행히 현대 의학의 발달로 뇌졸중이나 뇌와 관련된 다른 질병을 치료하는 방법이 점점 다양해지고 있어요. 또 어떤 경우에는 신경외과 의사가 머리 안을 내시경으로 보면서 세심하게 뇌 수술도 할 수 있게 됐어요. 하지만 뇌 문제를 일으키는 병을 치료하는 일이 늘 쉬운 것은 아니에요. 병을 치료하자고 뇌 안으로 들어갈 수는 없으니까요. 의사와 과학자들 모두 뇌에 관련된 문제가 아직도 수수께끼로 남아 있다고 생각해요.

그런데 사고나 질병으로 뇌 기능에 문제가 생겼을 때 가끔 저절로 회복되기도 해요. 바로 뇌의 가소성 덕분이지요. 이미 있던 뉴런이 더 이상 제 역할을 하지 못할 때는 새로운 뉴런이 대신하기 때문이에요. 그래서 남들과 다른 뇌를 가지고 태어나도 자신의 특별한 능력을 사용할 수 있어요.

여러분도 남과 다른 뇌를 가진 사람들을 좀 더 이해하려고 노력해 보세요. 또 특별한 뇌를 가진 사람들이 그들의 능력을 최대한 쓸 수 있도록 도와주세요.

상상해 볼래요?

❯ 시나리오 1

아침에 일어났는데 알람 시계 소리도 새 소리도 들리지 않았어요. 곧이어 집 안이 너무나 조용하다는 걸 느꼈어요. 방문을 열고 나가 봐도 아무 소리도 들리지 않자 가족 모두 집을 나갔다고 생각했어요. 그런데 부엌에 가 보니 부모님이 이야기를 나누고 있었어요. 하지만 두 분이 말하는 소리가 들리지 않았어요. 왜냐하면 여러분의 청각에 이상이 생겨서 아무 소리도 들을 수 없었던 거예요.

❯ 시나리오 2

크게 넘어져서 머리를 땅에 부딪혔어요. 그리고 기절했지요. 깨어나 보니 다음과 같은 글이 적혀 있는 표지판이 보여요.

ㅂㅏㅇ문으ㄹ 호ㅏㄴ영하ㅂㄴㅣ다

이게 무슨 글자일까요? 도대체 무슨 일이 벌어진 거지요? 뭐가 달라진 걸까요? 여러분은 여전히 넘어진 장소에 그대로 있었어요. 다만 뇌에서 언어를 읽고 해석하는 부위가 잘못된 거였어요. 그래서 읽을 수도 없고, 무슨 뜻인지도 모른답니다.

❯ 시나리오 3

지금 교실에 있어요. 교실 창으로 들어오는 햇빛에 눈이 따가워요. 친구들이 이야기하는 소리가 여러분의 귀에는 고함치는 것처럼 들려요. 선생님 말씀이 너무 빨라서 알아들을 수가 없어요. 또 한꺼번에 너무 많은 걸 시켜서 집중하지 못해요. 여러분의 머릿속은 수많은 정보로 가득 차 있어요. 친구들에게 쉬는 시간에 같이 놀자고 말하고 싶지만 어떻게 말해야 할지 몰라요. 왜냐하면 여러분은 자폐 스펙트럼 장애*를 가지고 태어나 세상을 다른 방식, 여러분만의 독특한 방식으로 보고 이해하기 때문이에요.

우리 주변에서 실제로 일어나는 상황을 보면 특별한 뇌를 가진 사람들은 일반적인 사람들의 뇌와 다르게 작동돼요. 이런 사람들이 하루하루를 살아가는 게 어떨지 여러분은 상상할 수 있나요? 정말 힘들게 느껴질 거예요…….

***자폐 스펙트럼 장애** 사회적인 상호 작용과 의사소통에 어려움을 보이며, 관심사와 활동이 제한적이고 반복적인 신경 발달 장애를 말해요.

왜 그렇게 힘들까요?

뇌는 생존과 진화에 필요한 도구를 제공하고 있어요. 또 사회는 사람들이 살아가는 데 필요한 많은 게 준비돼 있어요. 하지만 왼손잡이는 가위를 사용하기가 쉽지 않고, 색맹인 사람은 신호등 색깔을 알아보기가 힘들지요. 이렇게 다수의 일반 사람과 조금 다른 사람들은 일상생활이 쉽지 않을 수도 있어요. 심지어 아래와 같은 상황에 처하기도 한답니다.

- 간단한 일도 어려워서 일하고 놀고 취미를 즐기는 활동을 힘들어해요.
- 사회적으로 비난을 받으며 일을 못하는 사람으로 여겨져 부정적인 평가를 받아요.
- 능력이 없다는 이유로 따돌림을 당해요.
- 주변에 친구가 없어서 외로워져요.
- 하찮게 여겨지고, 무시를 당하고, 놀림거리가 되기도 해요.

뇌가 다른 사람들은 뇌 자체의 문제보다 사람들의 차별을 견디는 것이 더 어렵다고 말해요. 나와 다르다고 차별하는 건 옳지 않은데 말이에요.

한 가지 다행인 건, 여러분이 이 책에서 두뇌의 감정과 공감에 대해서 배웠다는 거예요. 그러니까 이제 우리는 차별 문제에 더 많은 관심을 가질 수 있어요.

뇌가 우리와 조금 다른 친구가 교실에 있다면
여러분은 그 친구의 세계를 조금이라도 이해하고
배울 수 있는 기회가 생긴 거예요.
또 그 친구가 여러분의 세계를 이해하도록 도와주세요!

질문

틀린 건가요, 다른 건가요?

여러분은 영화가 어떻게 상영되는지 자세히 살펴본 적이 있나요? 영화관에 가면 소리가 실감 나게 들리고, 화면에서 온갖 색깔의 장면이 계속 바뀌어요. 또 등장인물의 말이 아주 빠르게 지나가고, 한 시간 넘게 앉아서 보고 들어야 해요.
그래서 뇌가 우리와 다른 사람은 영화관에 가는 게 무척 어려울 수 있어요. 하지만 이런 어려움을 그저 뇌가 다른 사람의 문제로만 생각해야 할까요? 우리 사회의 문제는 아닐까요? 뇌가 다른 사람을 위한 다른 방법이 있어야 하지 않을까요? 만약 그렇다면 여러분은 어떻게 바꿀 수 있다고 생각하나요?

멀리하지 말고 시간을 내서 도와주세요

나보다 못한 사람을 짓밟고 올라선다면 기분이 좋을까요? 그렇지 않을 거예요. 모두의 가능성을 존중하고 다양성이 장려되는 사회가 보다 풍요롭고 공정하며, 발전된 사회랍니다.

다음은 뇌가 우리와 조금 다른 특별한 사람들과 함께 살아가는 방법이에요.

- 우리는 잘 모르는 것에 대해서는 쉽게 믿지 않고 거리를 두는 경향이 있어요. 그래서 다른 뇌를 가진 사람들을 더 외톨이로 만들어요. 그러지 말고 한번 다가가 보세요. 많은 것을 함께 나눌 수 있다는 걸 깨달을 거예요. 재미있는 농담, 즐거운 장난, 좋아하는 음식, 행복한 꿈, 뭐든지 같이 할 수 있어요.
- 감각을 예민하게 만들어 보세요. 뇌가 다른 사람들은 감각이 뛰어나서 우리가 다른 방식으로 세상을 이해하도록 이끌어 줘요. 감각을 풍부하게 키워서 새로운 시각으로 색다른 현실을 발견해 보세요.

- 뇌가 다른 친구의 부족한 점은 생각하지 말고, 그 친구가 가지고 있는 장점이 무엇인지 떠올려 보세요.
- 도움을 주세요. 다른 뇌를 가진 사람이 여러분의 도움이 필요할 때 도와주면 보람을 느낄 거예요.
- 잠시 기다려 주세요. 우리와 뇌가 다른 사람에게는 생각하고, 반응하고, 행동할 시간을 일반 사람보다 좀 더 많이 주세요.
- 너그러운 마음을 가져 보세요. 다른 뇌를 가진 사람은 상황에 맞지 않은 행동을 하기도 해요. 그래도 그 사람들만의 표현 방식이라고 생각해 주세요.
- 다른 사람들이 뇌에 문제가 있는 사람을 놀리거나 비난하는 말을 한다고 절대로 같이 하지 마세요. 사회는 모든 사람이 함께 살아가는 곳이라는 걸 알리세요.

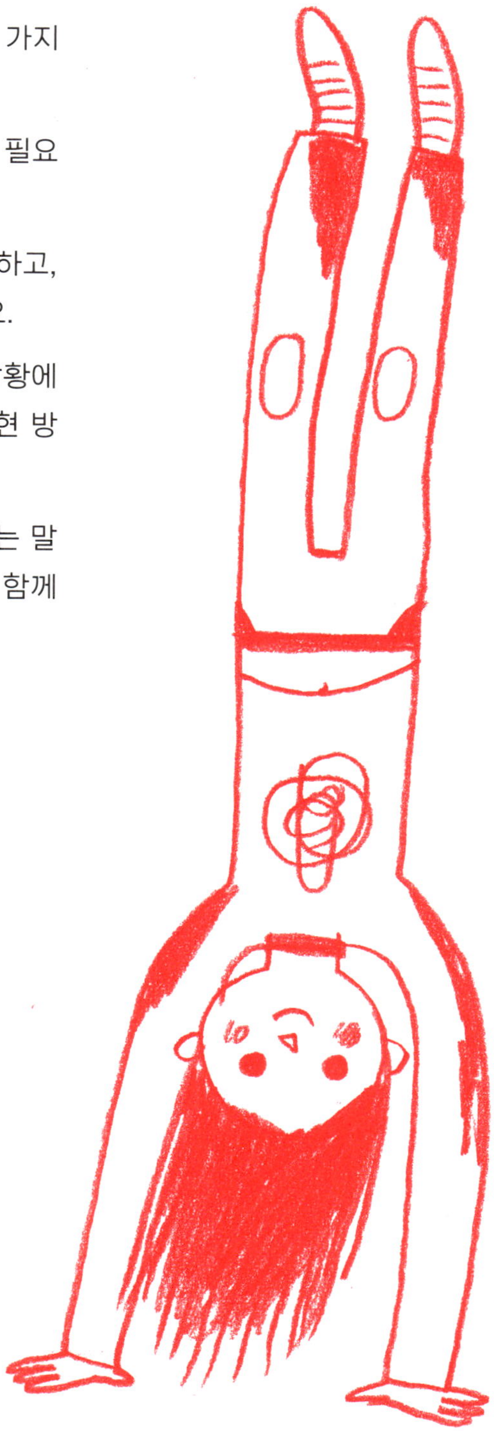

누군가 여러분을 어떻게 대하고 평가하는지 생각해 보세요.
여러분이 무엇을 할 수 있거나, 못 하는지에 따라
평가된다면 어떨 것 같나요?

좋은 컨디션

뇌를 잘 돌보세요

우리는 지금까지 뇌에 대해 자세히 알아봤어요. 이제부터는 뇌가 건강하고 행복하게 아무 문제 없이 오래 활동하려면 어떻게 해야 할지 알려 줄게요.

1. 가리지 않고 잘 먹어요

음식을 잘 선택해야 해요

우리가 먹는 음식과 영양분은 뇌가 발달하고 작동하는 데 필수적이에요. 하지만 시간이 부족하고, 넘쳐 나는 식품 광고 때문에 올바른 선택을 하기가 쉽지 않아요.

광고에 나오는 식품들은 저렴한 데다 만들기도 쉬워요. 그래서 우리는 미리 조리된 즉석식품이나 공장에서 만들어진 가공식품을 많이 찾아요. 하지만 이런 식품에는 소비기한을 늘리고, 자극적인 맛을 내며 겉모양을 예쁘게 만들기 위해 첨가물을 많이 넣어요. 착색제, 방부제, 항산화제, 감미료 같은 첨가물이 건강에 끼치는 영향, 특히 뇌세포에 미치는 영향은 아직 확실하게 밝혀지지 않았어요. 그래도 뇌를 잘 돌보고 싶다면 첨가물이 포함되지 않은 식품, 가공되지 않은 자연의 음식, 신선한 음식, 지역 특산 요리, 제철 음식을 고르려고 노력해 보세요.

사람을 살리고 해치는 음식

옛날 사람들은 달거나 기름진 음식을 구하기가 쉽지 않았어요. 그래서 가끔 기회가 생기면 벌집이나 고기를 먹고 "너무 맛있어!"라고 소리를 지르곤 했답니다. 그때 방출된 도파민이 생존하는 데 큰 역할을 했지요. 달거나 기름진 음식은 많은 에너지를 빨리 제공하기 때문이에요. 지금 우리는 칼로리가 높은 음식을 손쉽게 살 수 있어요. 그런데 생존 본능은 옛날 사람들처럼 그대로 남아 있어서 우리 몸에 필요한 양보다 더 많이 먹게 되지요. 아무리 맛있어도 건강을 위해서 달거나 기름진 음식은 생일 같은 특별한 날에만 먹기로 약속해요.

뇌가 입맛을 다시는 음식

과학자들은 다음과 같은 종류의 음식을 챙겨 먹으면 뇌세포가 더 활발하게 움직이고, 노화를 예방할 수 있다고 해요.

- 지방이 많은 생선(정어리, 고등어, 연어)
- 과일
- 씨앗
- 초콜릿*
- 채소
- 달걀
- 곡물
- 콩류

* **초콜릿** 초콜릿은 독성 요소로부터 세포를 보호하고 동기를 부여하며, 신경 전달 물질인 도파민을 증가시켜요. 초콜릿 중에서도 코코아 함량이 높은 다크 초콜릿을 먹는 게 도움이 돼요.

새로운 경험을 해 보세요

뇌가 새로운 것과 변화를 동시에 좋아한다는 걸 잊지 마세요.

그러니까 새로운 언어를 배우고, 다른 나라의 음식을 먹어 보고, 여행하고, 사람들을 만나고, 산책을 해 봐요. 여러분이 전혀 상상하지 못한 일도 할 수 있다는 사실을 알게 될 거예요!

쓸데없이 배우는 건 없어요

여러분이 배우는 많은 것이 살아가는 데 별로 쓸모없어 보일 수 있어요. 예를 들면 시를 읽고 무슨 의미인지 생각하거나, 도형의 면적을 계산하는 일 같은 것 말이에요. 그런데 지금 당장은 쓸모없어도 나중에 중요할 수도 있어요. 닐 디그래스 타이슨이라는 미국의 유명한 천체 물리학자는 이렇게 경고했어요. "수학에서 새로운 것을 배울 때 새로운 시냅스가 나타나며, 미래를 대비하는 도구나 방법을 만들어 낸다." 그러니까 이런 도구와 방법을 잘 저장해 두세요. 분명 나중에 쓸모가 있을 테니까요!

2. 감정을 조절하세요

자주 안아 주세요

안는다는 건 상대방과 신체적·정서적으로 연결되는 행위예요. 그 순간 긴장이 풀리고 기분을 좋게 만드는 신경 전달 물질, 도파민, 세로토닌, 엔도르핀이 나와요. 서로 자주 안아 주면서 함께 좋은 감정을 느껴 보세요.

머릿속을 청소하세요

우리 마음이 항상 편안하고 평화롭지는 않아요. 가끔은 아주 슬프거나 절망할 때가 있지요. 그때는 감정이 휘몰아쳐서 제대로 생각하기조차 어려워요. 이럴 때, 누군가 마음을 열고 다가와 혼란스러운 머릿속을 정리해 주면 얼마나 좋을까요? 그렇다고 정말 머릿속으로 들어오는 건 아니에요. 그렇지만 여러분이 믿고 의지하는 사람과 이야기하면 복잡한 머릿속이 정리되는 것 같은 효과가 있어요. 한번 해 보세요! 때로는 다른 사람과 이야기를 나누는 것만으로도 생각이 정리된답니다.

사랑하며 사는 게 바로 행복이에요

좋은 삶을 산다는 건 무엇일까요? 이 답을 찾기 위해 1930년대 미국 하버드 대학에서 행복에 대한 연구를 시작했어요. 의학자들은 좋거나 행복한 삶이 무엇인지 알아보기로 했어요. 75년 동안 268명을 대상으로, 젊은 시절부터 노년까지의 삶을 조사했지요. 그리고 좋은 삶을 사는 데 부와 명성은 중요한 요소가 아니라는 결론을 내렸어요. 연구 참가자 중에 가장 행복하다고 느낀 사람은 사랑, 우정 등 원만한 인간관계를 지속적으로 맺고 있는 사람들이었거든요.

회복력 훈련을 하세요

나무의 회복력이란 태풍이 불어도 뿌리를 잘 지키거나 산불에도 타지 않고 살아남는 것, 그러니까 자연재해에 맞서고 빠르게 회복하는 능력을 의미해요. 이 능력은 우리 인간에게도 적용된답니다.

역사를 살펴보면 극복하기 어려운 장애나 고통스러운 사건은 언제나 있었어요. 하지만 우리는 이 모든 상황에 알맞게 대처하고, 회복하는 방법을 배우며 교훈을 얻었어요.

여러분의 회복력을 연습해 보세요.

- 고난을 극복해야 할 도전으로 생각하세요. 어렵고 힘든 일을 해결하고 나면 '승리의 맛'을 훨씬 더 잘 느낄 수 있을 거예요.
- 친절함을 연습하세요. 다른 사람에게 먼저 과자를 주고 같이 먹어 보세요. 친절한 행동으로 충동을 조절하는 법을 배우게 돼요.
- 인내심을 연습하세요. 학교 성적을 올리거나 자전거를 타는 일은 잘하기까지 시간이 오래 걸린답니다.
- 독립심을 키우세요. 학교에 갈 때 입을 옷과 가방을 스스로 준비하고, 혼자 버스나 지하철 같은 대중교통을 타 보고, 요리도 한번 직접 해 보세요.
- 걱정되는 일이 있으면 사람들에게 말하고 도와 달라고 부탁하세요. 여러분이 느끼는 감정을 설명하는 게 어려워도 표현하는 연습을 해 보세요.
- 경험해 보지 않고는 자신이 무엇을 할 수 있는지 몰라요. 그러니까 위험하지 않은 범위에서 무엇이든 시도해 보세요.

3. 자신을 해방시키세요

노래하고 춤추기

여러분이 태어난 순간부터 24시간 내내 함께한 악기가 있어요. 무엇일까요? 바로 여러분의 목소리예요! 목소리가 음악처럼 진동하면 몸에서 편안함을 느끼는 신경 전달 물질이 나와요. 그래서 노래를 부르면 긴장을 풀고 해방감을 느낄 수 있어요.

또 친구와 함께 노래하거나 합창단에서 노래를 부르면 소속감을 느끼고 공감력을 키

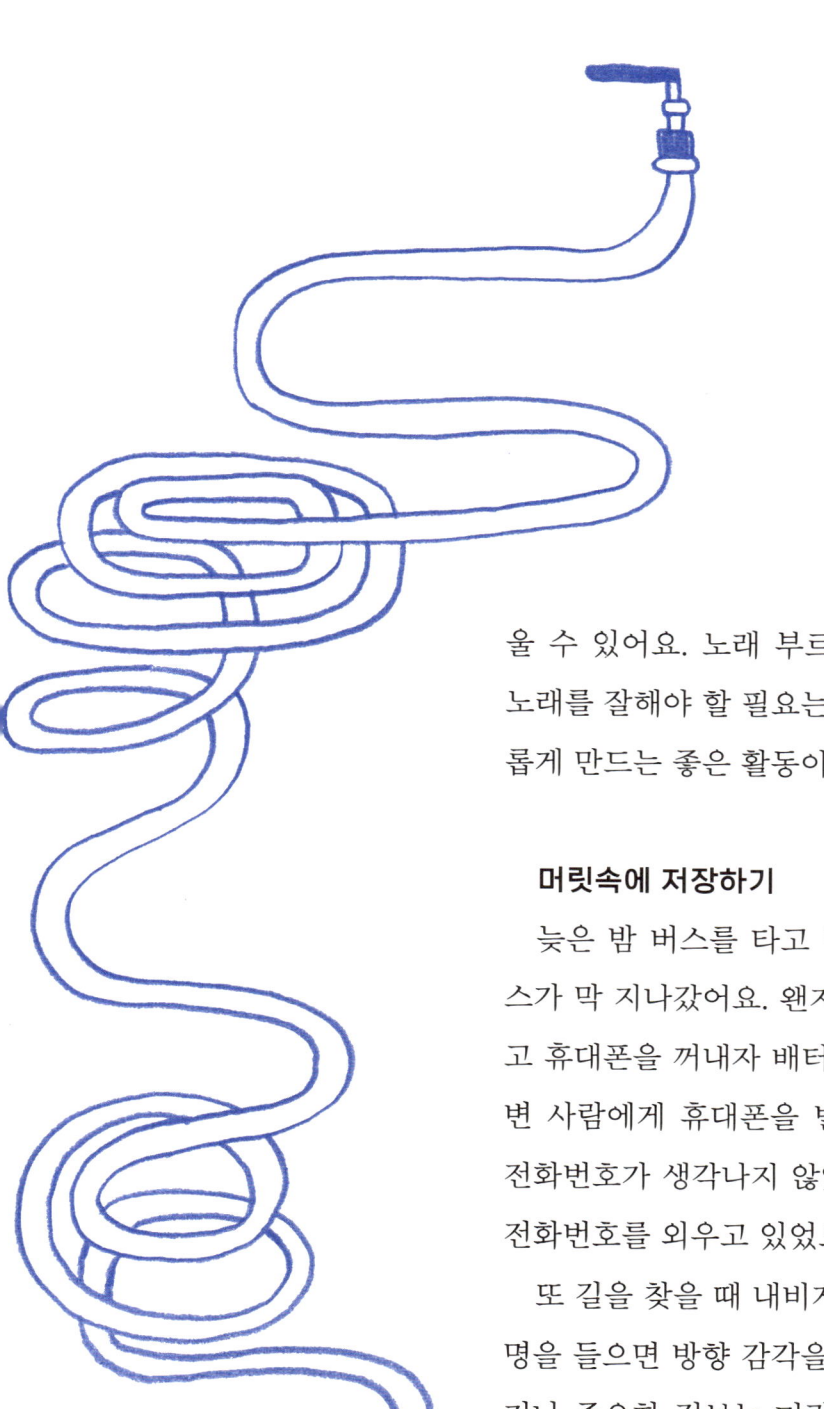

울 수 있어요. 노래 부르기의 장점을 누리는 데 꼭 가수처럼 노래를 잘해야 할 필요는 없어요. 참, 춤추는 것도 자신을 자유롭게 만드는 좋은 활동이랍니다.

머릿속에 저장하기

늦은 밤 버스를 타고 집에 가려고 정류장에 도착했는데 버스가 막 지나갔어요. 왠지 막차인 것 같아서 다음 버스를 보려고 휴대폰을 꺼내자 배터리가 다 돼 전원이 꺼져 있었어요. 주변 사람에게 휴대폰을 빌려 집에 전화하려고 했지만 부모님 전화번호가 생각나지 않았어요. 평소에 버스 시간표와 부모님 전화번호를 외우고 있었으면 얼마나 좋았을까요?

또 길을 찾을 때 내비게이션 대신 지리를 잘 아는 사람의 설명을 들으면 방향 감각을 키울 수 있어요. 이렇게 자주 이용하거나 중요한 정보는 머릿속에 저장해 두는 게 좋아요. 그래야 갑자기 휴대폰 전원이 나가도, 내비게이션이 없어도, 큰 무리 없이 일상생활을 유지할 수 있지요. 가끔은 전자 기기에 의지하지 않고 자유롭게 사는 경험을 해 보는 것도 좋아요.

4. 운동을 하세요

걷기, 뛰기

우리의 뇌는 걷게 만들어졌어요. 걷는다는 것은 단순히 방에서 거실로 나가거나, 길을 건너 반대편에 가는 것만을 의미하지는 않아요. 인간의 뇌는 다리의 도움을 받아 하루에 거의 20킬로미터를 걷게 만들어져 있어요.

걷고, 달리고, 자전거를 타고, 수영할 때 심장은 더 많은 산소와 에너지를 뇌로 보내 집중력과 학습 능력을 높여 준답니다. 또 운동을 하면 혈액 순환이 좋아져 음식을 먹고 소화하며 쌓인 독소를 없애는 데 도움이 돼요. 그래서 운동으로 땀을 흘리고 몸이 피곤해도 마치 뇌가 샤워를 한 것처럼 상쾌해지고 기분이 좋아져요.

그러니까 여러분의 부모님과 주위 어른들에게 운동이 아주 중요하다고 알려 주세요. 육체적으로 활동적인 사람의 뇌는 노화가 더디게 진행된답니다.

산책하기

마음이 차분해지고 싶다면 숲에 가세요. 시인들은 오래전부터 인간의 감정을 좌우하는 자연의 능력을 찬양했어요. 그리고 많은 과학자가 자연의 능력을 믿고 있어요. 여러 연구에 따르면, 우리가 자연 속에 있을 때 좀 더 차분해지고, 보다 창의적으로 될 수 있다고 해요. 여러분도 한번 숲길을 걸어 보세요.

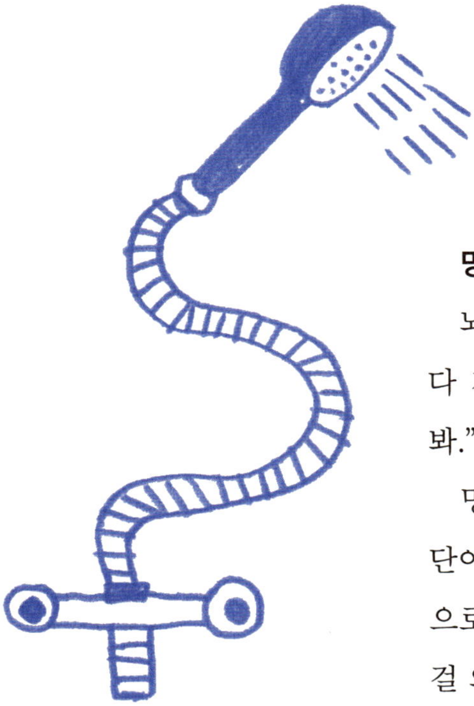

명상하기

뇌가 잠시도 가만히 있지 않고 주변에서 일어나는 일을 전부 다 지켜본다면 어떻게 해야 할까요? 세상의 소음에 "조금 이따 봐."라고 말하며, 명상으로 뇌를 진정시켜야 해요.

명상은 호흡에 집중하면서 내면을 들여다보는 활동이에요. 이 단어는 라틴어 '메디타레(meditare)'에서 유래됐어요. '주의를 안쪽으로 돌리다'라는 뜻으로 자신의 몸과 마음을 느끼고 인식하는 걸 의미해요.

어떤 과학자는 명상이 그저 뉴런의 활동을 줄이는 역할을 할 뿐이라고도 해요. 학습과 기억에 필수적인 뉴런을 잠시 잠재운다는 거지요. 쉬! 조용히 명상해 보세요…….

명상과 두뇌의 가소성

일부 과학자들의 주장에 따르면 명상이 뉴런의 연결에 변화를 줘서 뇌가 잘 활성화되게 만드는 가장 좋은 방법이라고 해요. 한 연구에서 25년 동안 명상을 한 사람들의 경우 전두엽 피질(뇌에서 통제와 계획을 담당하는 영역)이 일반 사람들보다 더 두껍다는 사실이 밝혀졌어요. 또 다른 연구에서는 명상을 하는 사람들이 일반적으로 다른 사람들보다 집중을 더 잘한다는 결과가 나오기도 했어요.

몸과 마음을 동시에 운동시키기

몸과 마음을 동시에 운동시키는 방법으로 요가가 있어요. 요가는 '결합' 또는 '연결'을 의미하는 산스크리트어 '유즈(yuj)'에서 유래한 말이에요. 자, 그럼 여러분의 몸과 마음을 하나로 연결해 볼까요? 지금 바로 따라 해 보세요!

동물의 뇌

다른 동물은 어떨까요?

다른 동물도 우리 인간처럼 결정을 내릴까요? 장난을 칠까요? 서로 도울까요? 사건을 해결할까요? 동물의 뇌는 어떤 능력이 있을까요? 동물은 자기 존재를 알고 있을까요? 우리는 같은 동물로서 동물의 능력에 대해 알고 싶어 해요.

인간이 정말 맨 꼭대기에 있나요?

그동안 동물의 인지 능력은 지능에 바탕을 둔다고 여겨졌어요. 고대 그리스의 철학자 아리스토텔레스가 말한 자연의 계층 구도(자연의 사다리)를 근거로, 인간이 맨 위에 있고 다른 동물이 그 아래에 차례대로 있다고 본 거예요. 이 개념에는 '인간이 최고야!'라는 생각이 담겨 있지요.

하지만 최근에는 많은 과학자가 다르게 바라보고 있어요. 동물의 생존 방식에 따라 다양한 인지 능력이 나타난다는 의견이 주목받기 시작했어요. 다시 말해서, '최상'이나 '최하' 계층이 따로 없이 그저 서로 다른 능력을 가진 동물로 보는 거예요. 예를 들어 철새가 계절에 따라 사는 곳을 이동하기 때문에 그 생태에 맞춰 방향 감각이 발달한 것처럼 말이에요.

우리는 이미 영장류, 특히 침팬지가 인간과 비슷한 능력을 지녔다는 사실을 알고 있어요. 또 다른 동물 중에서 돌고래(포유류), 앵무새와 까마귀(새), 문어(연체동물)도 인지 능력이 뛰어나다고 알려졌어요.

인간이 그토록 뛰어난 존재인가요? 그렇기도 하고, 아니기도 해요.
모든 동물은 종마다 고유한 생존 방식에 따라 특별하거든요.

이런 동물이 특별하지 않다고요?

공감하는 쥐

만화나 애니메이션에서 덫에 갇힌 친구를 풀어 주는 쥐를 본 적이 있나요? 그런데 이런 장면이 실제로 벌어진다는 걸 알고 있나요? 과학자들은 쥐의 행동을 관찰하면서 공감이 인간만의 특성이 아니라는 사실을 발견했어요.

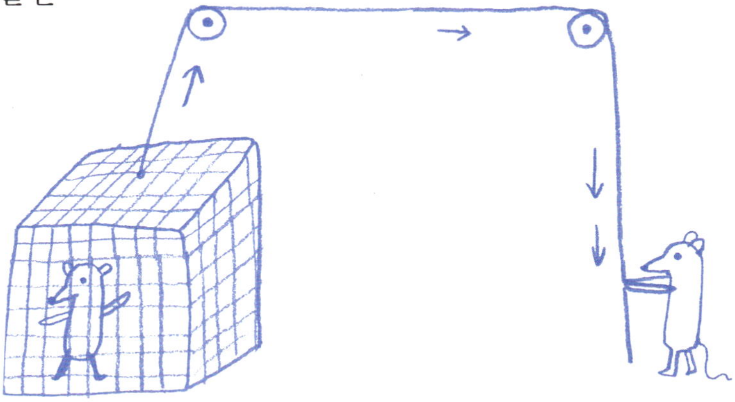

쥐가 다른 쥐를 돕는 것은 우리가 친구를 돕는 것과 같아요. 우리는 어려운 상황에 처했을 때 심각성을 느끼고 모두가 힘을 합치면 쉽게 빠져나올 수 있다고 생각하고 행동합니다.

사회적인 개미

개미는 뇌가 아주 작은 곤충이지만 매우 사회적이에요. 개미는 개미집에서 각자 맡은 역할이 있어요. 알을 낳고, 애벌레를 돌보고, 여왕개미에게 먹이를 갖다주고, 음식을 모으고, 집을 지키는 일을 저마다 정해서 해요. 또 개미집이 위험에 빠지면 평소에 맡은 역할에서 벗어나 다른 일도 수행하는 놀라운 능력이 있답니다.

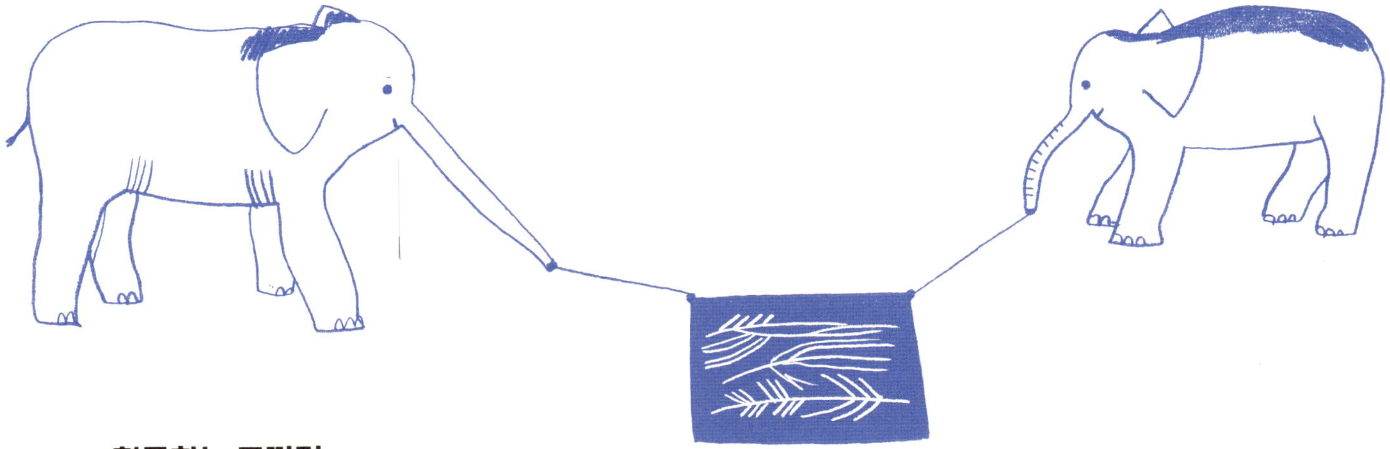

협동하는 코끼리

동물 중에 인간만 어떤 결과를 얻기 위해 팀으로 일할까요? 아닐 수도 있어요. 한 실험으로 아시아코끼리도 서로 협력한다는 사실이 밝혀졌어요. 연구 팀은 먼저 코끼리 두 마리에게 음식이 담긴 쟁반을 주었어요. 코끼리들은 자기 쪽으로 음식을 가져오려고 쟁반에 매달린 줄을 서로 잡아당겼어요. 그런데 이 쟁반은 두 줄을 동시에 당길 때만 한쪽으로 움직이게 만들어졌어요. 시간이 지나자 코끼리들은 협동해야 먹이를 먹을 수 있다는 사실을 깨달았어요. 마침내 상대 코끼리가 줄을 당길 때까지 기다렸다가 동시에 함께 잡아당겼답니다.

재주 좋은 까마귀

오랫동안 도구를 만드는 능력은 인간과 침팬지만 있다고 여겨졌어요. 하지만 누벨칼레도니섬의 까마귀를 관찰하던 과학자들은 놀라운 사실을 알게 됐어요. 그 까마귀들은 도구를 만들 뿐만 아니라 도구를 갖고 다니며 사용하기도 했거든요. 게다가 부리로 갈고리 모양의 막대를 만들어 나무 안의 애벌레와 곤충을 잡아먹기도 했답니다.

장난꾸러기 쥐

미국의 유명한 신경 과학자 자크 판크세프는 주로 포유류의 감정을 연구했어요. 그중에서 쥐를 간지럽히는 실험으로, 장난치는 활동이 먹고 자는 일처럼 동물에게 꼭 필요하다는 사실을 발견했어요. 그렇다면 왜 장난이 동물에게 중요할까요? 그건 사회생활을 연습할 수 있기 때문이에요. 연구 결과, 실제로 활발하게 놀고 장난치는 쥐가 더 사교적이고 유연한 태도를 보였답니다.

노래하는 새

모든 새는 태어나면서 음악적인 재능을 물려받아요. 그리고 자라면서 다른 새의 소리를 주의 깊게 듣고, 어미 새에게 노래하는 법을 배우지요. 어떤 새는 다른 새의 소리, 심지어 인간의 소리도 따라 하며 흉내 내기도 해요. 즉흥적으로 멜로디를 연주하는 것처럼 느껴질 정도랍니다. 이렇게 놀라운 음악적 능력을 가진 새 중에서 흉내지빠귀과는 수백 가지가 넘는 멜로디를 노래할 수 있답니다.

크기가 전부는 아니에요

뇌를 저울에 올려놓으면 무게가 얼마나 나갈까요? 뇌의 크기로 뭘 알 수 있을까요?

향유고래는 지구상에서 두뇌가 가장 큰 동물이에요. 인간의 뇌보다 다섯 배가 넘게 무겁고, 아름다운 호박 모양의 뇌를 가지고 있어요!

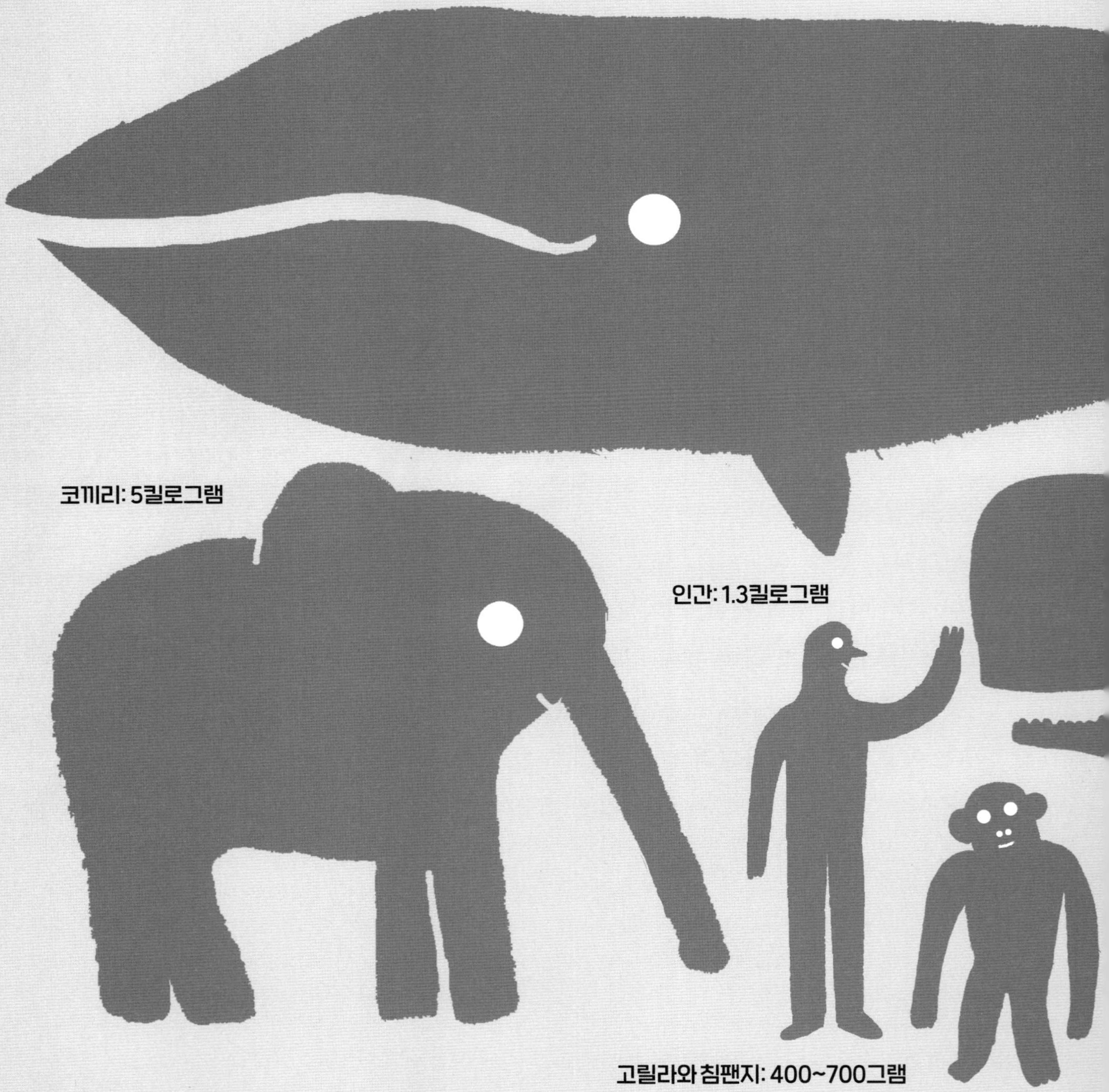

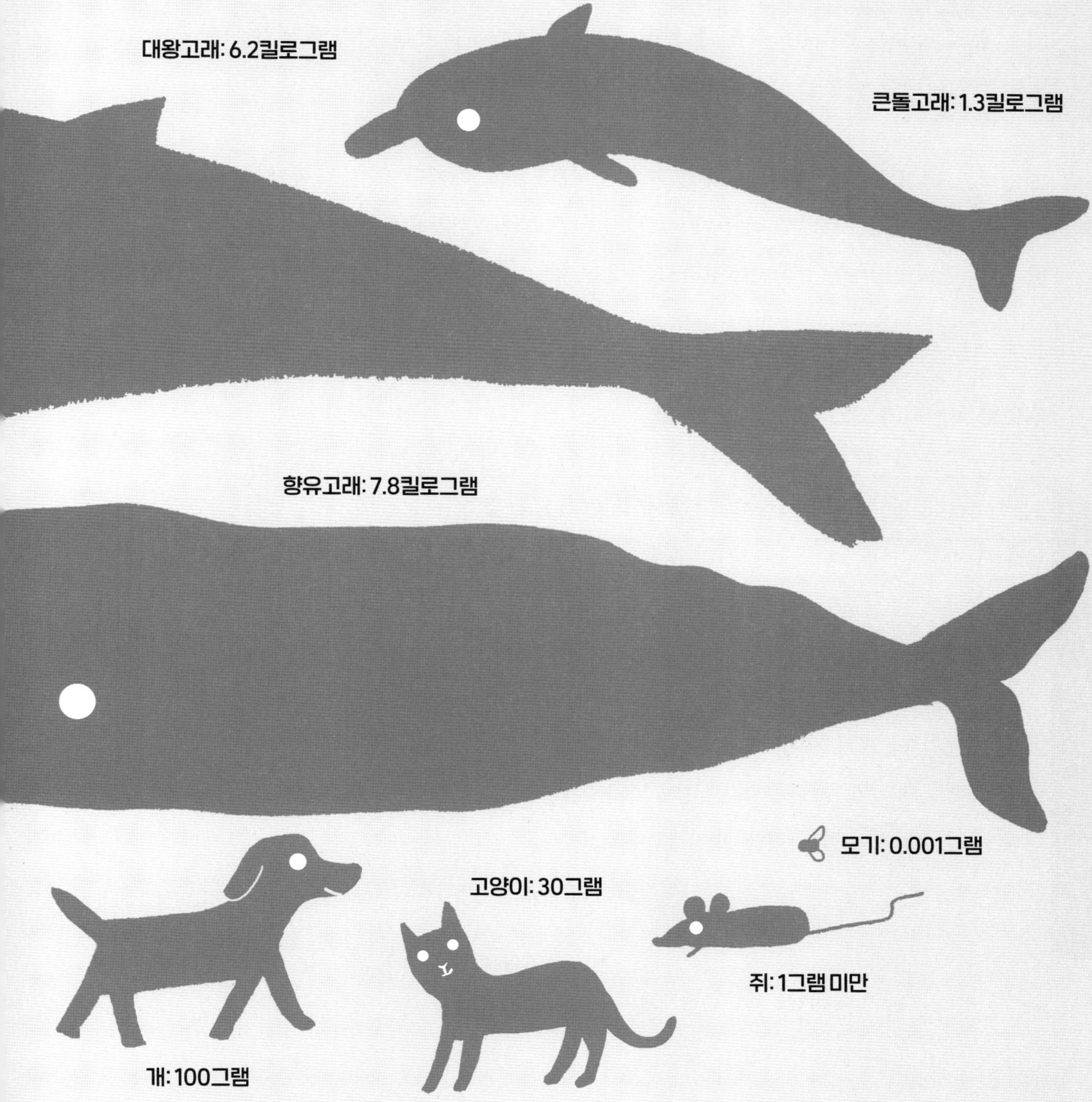
대왕고래: 6.2킬로그램
큰돌고래: 1.3킬로그램
향유고래: 7.8킬로그램
모기: 0.001그램
고양이: 30그램
쥐: 1그램 미만
개: 100그램

뇌의 크기가 능력을 나타낼까요?

그럴 수도 있고 아닐 수도 있어요. 동물의 뇌 크기는 몸 크기와 관련이 있다고 알려져 있어요. 일반적으로 몸이 큰 동물은 뇌도 커요. 하지만 몸과 뇌의 크기를 비율로 따졌을 때, 작은 동물이 몸집에 비해 더 큰 뇌를 가지고 있기도 해요. 예를 들어 쥐의 뇌와 몸의 비율은 1:40으로 인간과 비슷해요. 반면에 지능이 높은 동물로 알려진 코끼리의 뇌와 몸의 비율은 1:560으로 뇌가 몸집에 비해 훨씬 더 작아요. 따라서 뇌가 크다고 능력이 뛰어나다는 결론은 섣불리 내릴 수 없어요.

그리고 뇌가 크다고 뉴런이 더 많은 것도 아니에요. 하지만 많은 과학자들이 공통적으로 말하는 게 있어요. 그 의견에 따르면, 뇌가 몸집에 비해 크면 클수록 복잡한 일을 할 때 뉴런의 연결이 더 활발해진다고 해요.

무엇을 먹는지가 뇌의 크기를 결정해요

뇌는 일을 할 때 많은 에너지를 소비해요. 인간의 경우 음식으로 공급되는 에너지 중 5분의 1을 일할 때 사용하지요. 그래서 곤충이나 풀만 먹는 동물이 육식 동물이나 잡식 동물에 비해 상대적으로 에너지가 적다고 생각하기도 해요. 또 채소나 과일, 생선, 고기 등 특별히 가리지 않고 모든 음식을 골고루 먹는 인간은 뇌에 더 많은 에너지를 사용할 수 있다고 해요.

이렇게 무엇을 먹는지에 따라서 뇌의 능력이 달라진다면, 대표적으로 초식 동물과 육식 동물의 뇌 크기를 비교해 볼 수 있어요. 고기를 먹어야 하는 육식 동물은 사냥이나 낚시 능력을 키우고 기술을 개발하며 뇌가 발달해요. 풀을 뜯는 초식 동물은 육식 동물만큼 복잡한 능력을 발휘할 필요가 없지요.

지역
특산물

동물의 사회적 관계

뇌 발달에 도움이 되는 또 다른 요소가 있어요. 동물이 속한 무리의 규모와 사회화의 정도예요. 여기서 말하는 사회화란 동물이 무리 안에서 상대방과 겪는 접촉, 관계, 의사소통을 말해요. 돌고래나 범고래처럼 큰 무리를 지어 사는 동물이 고양이처럼 혼자 사는 동물보다 지능이 좀 더 높은 사실을 살펴보면 동물의 사회화를 쉽게 이해할 수 있을 거예요.

이러한 사회적 관계는 같은 종 사이에서 일어나지만 다른 종끼리도 있을 수 있어요. 동물도 인간처럼 친구가 있는지는 몰라요. 하지만 동물들 중에는 부모와 자식, 짝을 이루는 관계, 힘을 합쳐 사냥하는 동료가 있는 종도 있어요. 또 악어와 악어새처럼 다른 종이지만 서로의 이익을 위해 협력하는 동물도 있어요. 심지어 물, 먹이, 영역으로 서로 경쟁하는 사이에서도 관계를 유지하는 동물도 있답니다.

동물을 관찰하는 실험 이야기

동물의 행동을 연구하는 과학자들은 자연이나 실험실에서 영장류, 고래류, 조류, 어류, 개미, 꿀벌 등 여러 동물을 관찰하며 많은 시간을 보내요.

동물이 문제에 처했을 때, 어떻게 해결하는지 살펴보면 동물의 주의력, 기억력, 방향 감각, 도구 사용 능력에 대해 알 수 있어요. 텔레비전이나 다큐멘터리에서 미로를 빠져나오고, 사물을 구별하고, 퍼즐을 맞추고, 거울을 보는 실험을 하는 동물을 본 적이 있을 거예요.

특히 거울에 반응하는 동물을 관찰하는 실험으로 동물의 자기 존재 인식을 연구할 수 있었어요. 하지만 아직은 연구 결과에 대해서 일치하는 의견을 내지 못하고 있어요. 그래도 실험 결과는 꽤 흥미롭게 느껴진답니다.

새 중의 챔피언: 앵무새

단어를 배우고 언어를 쓰는 건 영장류처럼 복잡한 뇌를 가진 동물만 할 수 있다고 생각해 왔어요. 그런데 미국의 아이린 페퍼버그 박사가 아프리카 회색 앵무새를 30년 동안 연구한 결과, 앵무새도 어린아이와 비슷한 수준의 발달의 보이며, 색깔, 사물, 모양을 구별하고, 단어 100개를 학습할 수 있다는 게 밝혀졌어요. 알렉스라는 이름으로 불리는 이 앵무새는 그 능력을 선보이며 유명해졌지요. 이후 다른 앵무새를 대상으로 실험한 결과, 똑같은 결론을 낼 수 있었답니다.

아주 특별한 코끼리

육지 동물 중에서 코끼리는 다른 동물보다 대뇌(큰골) 피질의 면적이 더 크다고 해요. 하지만 코끼리가 침팬지나 돌고래만큼 지능이 높은지에 대해서는 여러 의견으로 나뉘어요. 그래도 여러 면에서 코끼리가 인간과 비슷하다는 건 알 수 있어요.

코끼리는 임신 기간이 22개월로, 인간처럼 매우 길어요. 또 태어나서 한동안은 보살핌이 필요하며, 자립하기까지 10년 동안 학습하는 과정을 거쳐요. 이것으로 코끼리의 학습 능력과 두뇌의 관계를 알 수 있어요. 그리고 코끼리도 감정을 느끼고 서로 유대하며 공감하는 특성을 보여요.

40년 넘게 아프리카코끼리를 연구한 미국의 동물학자 신시아 모스는 코끼리가 다치거나 아플 때 같은 무리의 코끼리들이 도와준다는 사실을 밝혀냈어요.

동물도 인간처럼 스스로가 누구인지 알아차릴 수 있을까요?

모든 과학자가 이 의견에 동의하지는 않아요. 1980년대에 동물이 스스로의 존재를 알아차린다는 연구가 처음 발표됐을 때 많은 비판을 받았어요. 그런데 2012년에 케임브리지 대학교의 학술회의에서 새로운 가능성을 제시했어요. 세계의 유명한 신경 과학자들이 동물도 나름의 의식을 가지고 있다고 발표했지요. 의식이 있는 동물로는 포유류, 조류, 문어 등이 있다고 덧붙였는데, 이 발표는 '의식에 관한 케임브리지 선언'이라고 불려요.

사실과 주장

진실 또는 거짓?

뇌에 대한 이야기 중 혼란을 일으키거나 잘못된 정보, 확실하지 않은 주장에 대해서 살펴보기로 해요.

첫 번째 이야기

남자의 뇌는 여자보다 뛰어나다?

뇌의 크기로 능력을 평가할 수 없다는 건 알아요. 하지만 남자의 뇌가 여자보다 약 12퍼센트 더 크고 무겁다는 사실이 남자가 여자보다 뛰어나다는 주장을 뒷받침해 왔어요. 이 주장은 남자가 일반적으로 여자보다 크고 무거운 경향을 반영한 결과였어요.

다행히 지금은 이런 주장이 완전히 잘못된 것으로 밝혀졌어요. 물론 남자의 뇌가 더 클 수는 있어요. 하지만 여자의 뇌에는 뉴런 사이를 연결하고 메시지를 전달하는 수상 돌기가 더 많이 있답니다. 수상 돌기는 신경 자극을 이어 주는 가느다란 세포질의 돌기인데, 나뭇가지 같은 형태를 이루고 있어요.

그렇다면 다시 질문해 볼게요. 뇌의 우수성을 판단하는 데 어떤 것이 더 많이 작용할까요? 수상 돌기의 수일까요, 뇌의 크기일까요? 그런데 이렇게까지 해서 여자와 남자의 능력을 비교할 필요가 있을까요?

남자와 여자의 뇌는 똑같다?

남자의 뇌가 여자의 뇌보다 뛰어나다고 생각하던 때가 있었어요. 그리고 남자와 여자의 뇌 차이를 무시하는 시기도 있었지요. 그러던 중 과학자들은 특정 약물이 남자와 여자의 뇌에 다른 영향을 끼치고, 어떤 뇌 질환은 남성에게, 또 어떤 뇌 질환은 여성에게 더 많이 나타난다는 사실을 알아냈어요.

신경 과학자들은 뇌 이미지를 다시 살펴보기 시작했어요. 그 결과, 남자와 여자의 뇌는 생식 및 불안과 관련된 행동을 관리하는 시상 하부가 해부학적으로 다르다는 결론을 내렸어요. 또 해마와 편도체도 차이를 보였지요. 여자의 시상 하부가 더 큰 이유는 배란 주기와 관련이 있다고 알려졌지만, 이 차이가 무엇을 의미하는지에 대해서는 논란을 일으키며 계속 연구되고 있답니다.

기억하는 게 다른 여자와 남자의 뇌

과학자들은 여성과 남성의 뇌가 어떤 면에서 다른지 그 이유를 밝히기 위해 끊임없이 실험하고 있어요. 그중 기억과 관련된 재미있는 실험이 있는데 함께 살펴볼까요?

먼저 연구 팀은 여러 명의 남자와 여자에게 감정이 생생하게 표현된 영화 한 편을 보게 했어요. 그리고 일주일 뒤에 영화를 보고 무엇이 기억에 남는지 물어봤어요. 그 결과 남자들은 영화에서 일어난 사건들, 즉 전반적인 줄거리를 쉽게 기억하는 반면에 여자들은 영화의 세부적인 내용을 훨씬 잘 기억하는 경향을 보였어요. 남자와 여자의 기억이 차이를 보이는 게 느껴지나요?

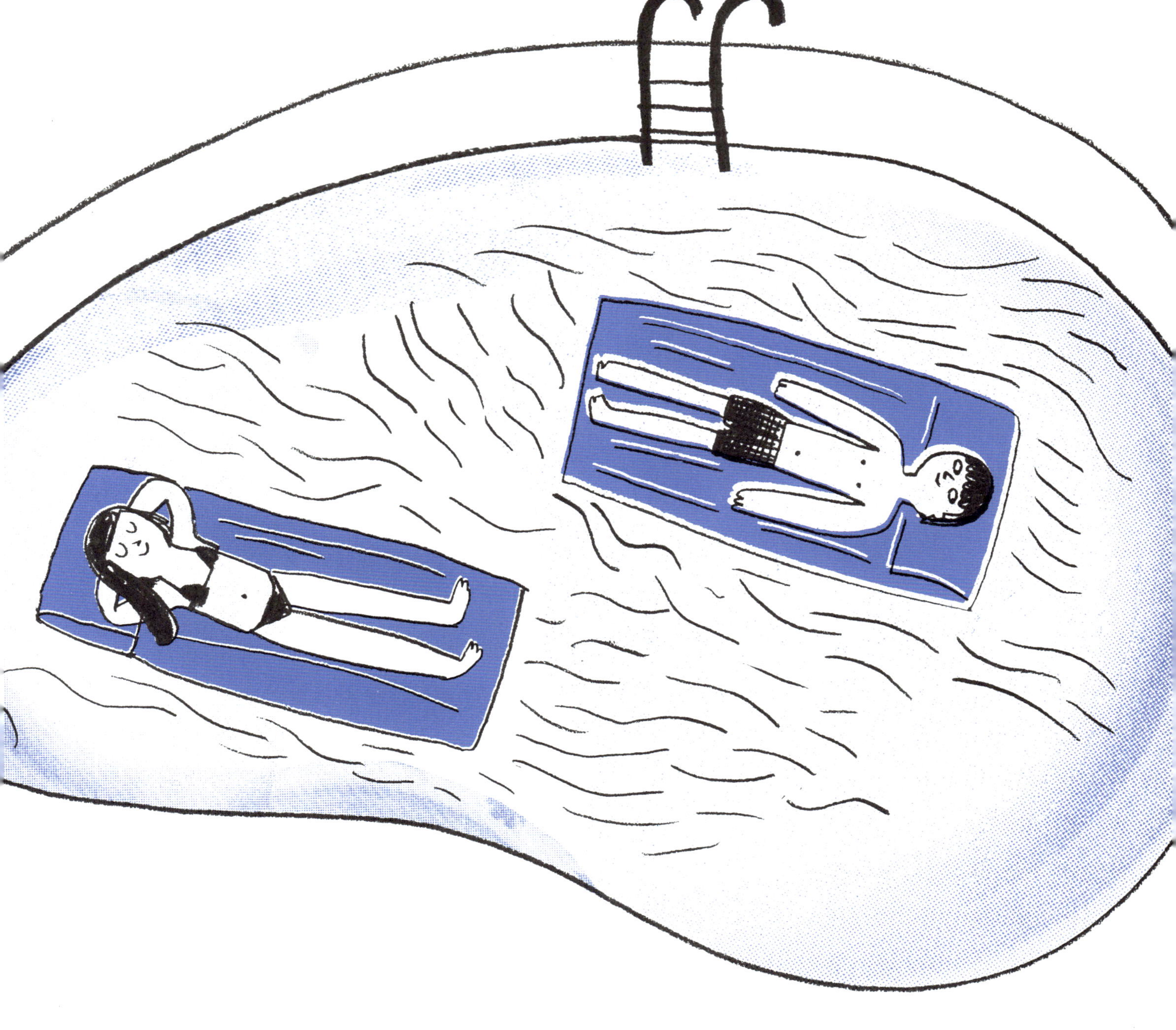

기억나는 대로 이야기하기

위에 있는 그림들을 잘 보세요. 그런 다음 책을 덮고 기억나는 그림을 바탕으로 이야기를 만들어 보세요. 남자 친구, 여자 친구 다 같이 모여서 이야기를 만들어도 좋아요. 이때, 친구의 이야기에 상관하지 말고 각자 자기 방식으로 만드는 게 중요해요.

자, 이제 친구들이 만든 이야기를 돌아가면서 들어 보세요. 다른 이야기가 있나요? 있다면 그 차이가 성별과 관련이 있나요? 더 많은 친구들과 이 실험을 반복해서 해 보세요.

도전

두 번째 이야기

뇌는 새로운 세포를 만들 수 없다?

이 주장은 사실이 아니에요. 우리의 뇌는 언제나 새로운 세포를 만드는 가소성 기관이에요. 우리의 필요와 쓸모에 따라 뇌에서는 새로운 세포가 만들어져요.

대부분의 뉴런이 우리가 태어나기 전에 만들어진다는 건 확실해요. 하지만 우리가 어른으로 성장한 뒤에도 뇌는 뉴런을 만드는 능력을 발휘해요. 특히 해마 영역이 그렇답니다. 신경 과학자들이 노인의 뇌에서도 새로운 세포가 만들어진다는 사실을 확인했지요. 이 새로운 세포는 다른 영역의 뉴런과 연결돼요.

세 번째 이야기

우리는 뇌의 10퍼센트만 사용한다?

거짓말이에요. 우리가 뇌의 10퍼센트만 사용한다(가끔 5퍼센트만 사용한다고도 해요)는 이야기는 뇌의 기능을 향상시켜 주는 상품을 파는 데 효과적일 뿐이지요. 그러니까 상품 마케팅을 목적으로 만든 말이랍니다. 그래서 이 거짓말이 사람들 사이에서 널리 퍼진 건지도 몰라요.

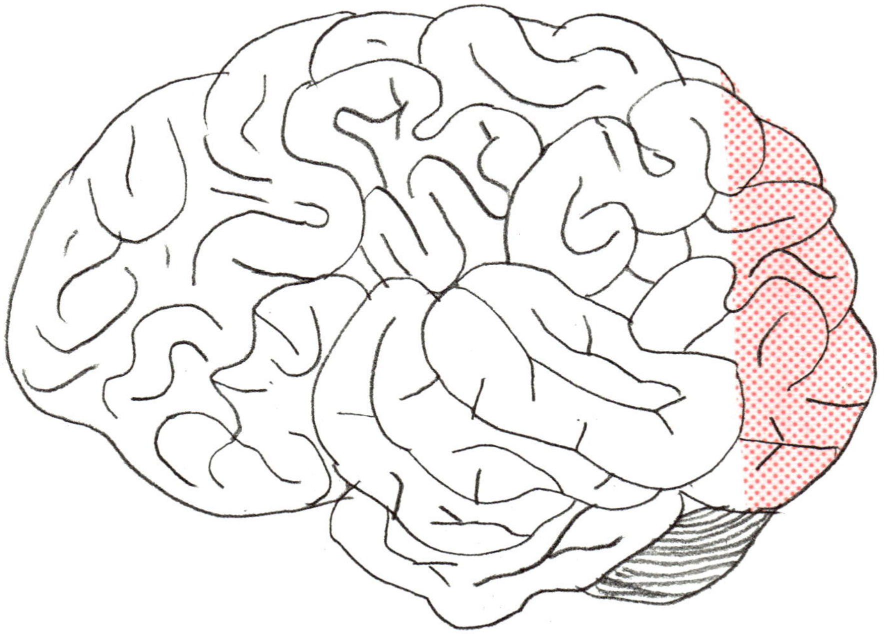

오늘날에는 뇌의 모든 영역이 중요하고, 골고루 잘 사용된다는 사실이 알려졌어요. 그래서 신경외과 수술을 할 때도 뇌 기능에 조금이라도 문제가 생기지 않게 아주 조심하지요. 뇌는 호흡, 혈액 순환과 같이 우리에게 반드시 필요한 기능을 조절하고 있어요. 또 청각, 시각, 후각 등의 감각 기능을 담당하는 중요한 역할을 해요.

뇌의 10퍼센트만 사용한다는 이야기는 어떻게 보면 우리가 뇌의 능력을 최대한 사용하지 않는다는 의미일 거예요. 또 달리 생각하면 굳이 뇌의 90퍼센트를 사용하지 않아도 큰 문제가 없다는 말이에요.

또 다른 이야기도 있어요. 앞서 뇌는 사용하지 않으면 기능이 약해진다는 사실을 배웠는데 기억나나요? 그렇다면 왜 뉴런, 축삭 돌기, 수상 돌기의 90퍼센트가 계속 유지될까요? 그런데 정말 하루 종일 아무것도 하지 않는 뉴런이 있을까요? 거의 발견되지 않았다고 해요. 그러니까 뇌의 10퍼센트만 사용한다는 말을 듣게 되면 여러분이 잘못된 정보라고 알려 주세요.

네 번째 이야기

인터넷은 우리를 더 바보로 만든다?

우리는 각자 다양한 방식으로 인터넷을 사용하고 있어요. 어떤 사람은 게임으로 몇 시간을 보내고, 또 어떤 사람은 겨우 몇 분 만에 이메일을 확인해요.

인터넷과 컴퓨터를 사용할 때는 나이를 생각해야 해요. 일부 연구에 따르면, 스마트폰과 태블릿은 아이들, 특히 취학 전 아동이 가능한 한 사용하지 않는 게 좋다고 해요. 왜냐하면 그 시기에는 뇌가 상상하는 법, 즉 이미지를 만드는 법을 배워야 하기 때문이에요. 상상하는 법을 배울 때 주변에 있는 물건을 직접 만져 보는 것보다 더 좋은 건 없답니다. 그러니까 당연히 스마트폰이나 태블릿 화면을 멀리해야겠지요.

한편, 대학생이나 성인이 온라인 게임을 하면 좋은 점이 있다는 연구 결과도 있어요. 이미지를 빨리 인식하고, 일을 단계별로 계획해서 효율적으로 쉽게 처리한다고 해요.

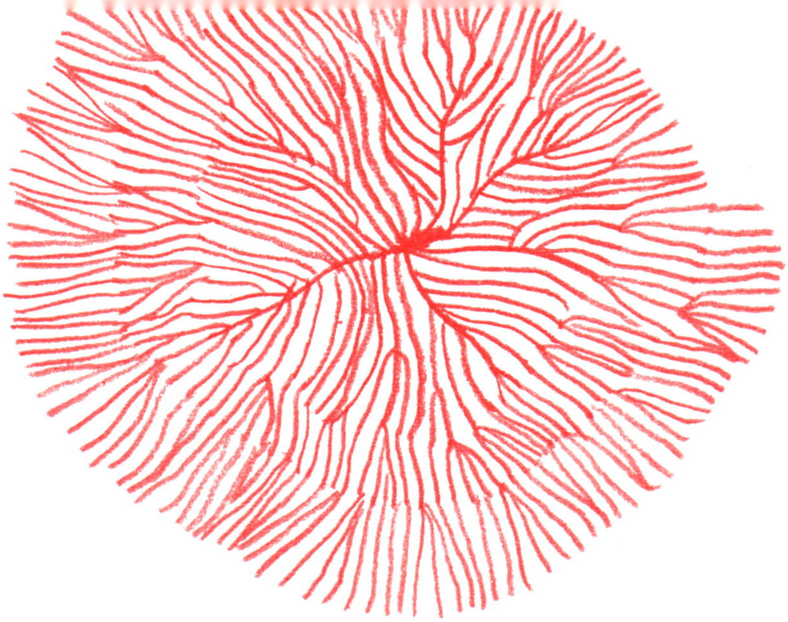

인터넷이 우리를 바보로 만든다는 말은 상황에 따라, 그러니까 나이, 시간, 직업에 따라 다른 거예요. 또 새로운 변화도 일어나고 있어요. 스마트폰 애플리케이션 같은 새로운 기술은 복잡한 작업을 보다 쉽게 만들어 주지만 그만큼 그 기술에 더 많이 의존하게 만들어요. 스마트폰이 없는 시대에 살았던 사람들은 지금 사회가 신기술에 얼마나 의존하는지 더 잘 느낄 거예요.

오늘날 우리는 어딘가를 가야 할 때 내비게이션을 사용해요. 또 휴대폰에 전화번호를 저장하고, 웹 사이트에서 정보를 찾아요. 그러다 보니 우리 스스로 문제를 해결해 나가는 자율성을 잃어버리기 쉽답니다.

뇌는 무엇을 저장하나요?

디지털 사회는 우리가 단기 기억을 더 많이 사용하게 해요. 단기 기억은 적은 공간에 많은 정보를 저장하지만 뇌가 현실적이고 전체적인 정보를 저장하지 못하게 해요. 예를 들어 인터넷 뉴스를 볼 때 전체를 읽는 대신 나중에 그 뉴스를 검색할 수 있는 서너 개의 키워드만 뇌에 저장하지요. 그래서 뇌가 더 복잡한 문제를 생각하게 만들려면 깊이 있는 독서를 하는 게 중요하다고 말하기도 해요.

다섯 번째 이야기

왼손잡이는 왼쪽 뇌만 사용한다?

근거 없는 말이에요. 오랫동안 우리는 왼손잡이를 사회적으로 뭔가 부족하거나 문제가 있는 사람으로 여기며 오른손을 쓰게 강요해 왔어요. 우리가 사용하는 가위 같은 다양한 도구들이 오른손잡이를 위해 만들어졌기 때문에 왼손잡이에 대한 평판이 나빠졌을 수도 있어요.

100명 가운데 열 명 정도가 왼손잡이예요. 옛 인류의 유물을 살펴보면 50만 년 넘게 왼손잡이와 오른손잡이의 비율이 같다는 걸 알 수 있어요.

정확한 이유는 모르지만 오랜 세월 동안 다양한 문화권에서 왼쪽은 불완전한 것으로 생각했어요. '왼손잡이'라는 단어의 어원을 살펴보면 얼마나 차별이 심했는지 짐작할 수 있지요. 여러 나라의 언어에서 '오른쪽'이라는 단어는 '옳은', '정확한'이라는 뜻으로도 쓰여요(영어-right, 프랑스어-droite). 그리고 '왼쪽'은 그 반대의 의미, 즉 '서투른', '혼란스러운', '틀린' 등과 같은 뜻이에요(영어-left, 이탈리아어-sinistra, 독일어-links).

어쨌든 왼손을 사용하는 사람은 오른손잡이 위주의 사회에 맞춰서 생활하기 위해 불편함을 감수해야 했지요.

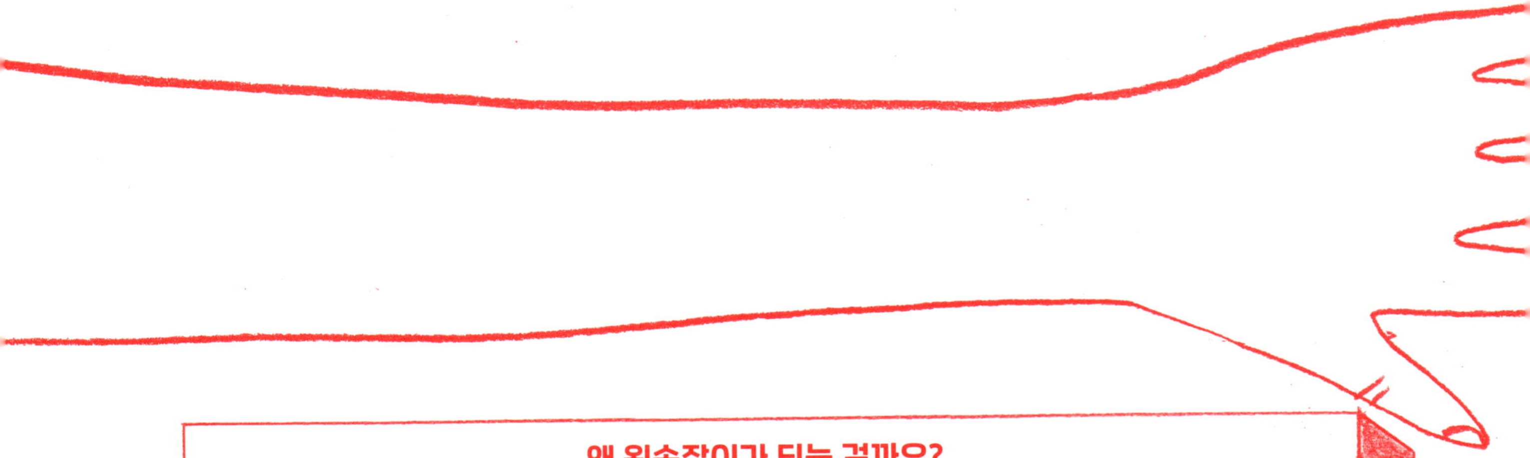

왜 왼손잡이가 되는 걸까요?

과학자들은 왼손잡이가 유전될 수 있다고 생각해요. 실제로 부모님 중 한쪽이 왼손잡이일 때 자녀도 왼손잡이일 가능성이 커요. 만일 부모님 모두 왼손잡이라면 확률은 더 높아지겠지요. 그렇다고 오직 유전 때문에 왼손잡이가 된다고 볼 수는 없어요. 왼손잡이는 유전자, 우연, 환경 등 여러 요인의 영향을 받는다고 해요.

다행히 요즘에는 왼손을 사용하는 사람들이 점점 더 존중받고 있어요. 그럼에도 불구하고 왼손잡이는 왼쪽 뇌만 사용한다는, 말도 안 되는 주장이 계속 나오고 있어요. 그건 이중으로 잘못된 생각이랍니다. 그 이유는 곧 알게 될 거예요.

왼손잡이의 뇌에서는 무슨 일이 일어나나요?

이를 설명하려면 먼저 우리가 신체의 한쪽(손, 발, 눈)을 더 사용하는 경향에 붙여진 이름, 이른바 '측면성'이라는 개념을 알아야 해요. 먼저 한쪽만 더 사용하는 경향은 어디에서 올까요? 당연히 뇌에서 와요.

과학자들이 오른손잡이와 왼손잡이를 대상으로 글을 쓰거나 공을 던지는 것과 같은 평범한 일을 상상하는 실험을 해 봤어요.

실험 결과, 왼손잡이의 경우에는 오른쪽 뇌 영역이 활성화됐어요. 반면 오른손잡이의 경우에는 왼쪽 뇌 영역이 활성화됐고요. 왜 그럴까요? 그건 운동 피질에 교차 소통이라는 게 있기 때문이에요. 다시 말해, 신체의 왼쪽에 명령을 내리는 것은 오른쪽 반구이

고, 신체의 오른쪽에 명령을 내리는 건 왼쪽 반구예요. 예를 들어 여러분이 오른손으로 머리를 긁고 싶을 때는 왼쪽 운동 피질에서 오른손 근육으로 명령을 보내요. 이런 교차 소통은 우리가 말을 할 때 사용하는 눈, 귀, 근육에서도 이뤄져요.

또 왼손잡이는 뇌의 한쪽을 더 많이 사용하는 편측화가 오른손잡이보다 덜 발달했다고 알려져 있어요. 다시 말해, 왼손잡이는 뇌의 오른쪽 측면을 주로 사용하지만 뇌의 양쪽 반구 영역을 오른손잡이보다 더 고르게 사용해요.

따라서 왼손잡이가 서투르다는 건 틀린 말이에요. 뇌의 왼쪽만 사용한다는 말도 잘못된 정보지요. 예전의 잘못된 주장 때문에 왼손잡이를 문제가 있는 사람으로 여기는 건 더욱더 잘못된 일이겠지요?

왼손잡이의 장점

인간의 진화 과정에서 왼손잡이가 계속 살아남은 것은 왼손잡이에게도 유리한 점이 있었기 때문이에요. 왼손잡이가 테니스나 펜싱처럼 일대일 스포츠에서 좀 더 유리한 것처럼, 전쟁이 흔하던 시대에는 왼손잡이의 장점이 있었던 거예요. 생각해 보세요. 오른손잡이와 싸우는 데 익숙한 사람들은 왼손잡이의 움직임이나 방향을 예상하지 못해요. 그래서 진화를 거치는 동안에도 왼손잡이 유전자가 계속 남아 후손에게 전달됐을 거예요.

그런데 왜 왼손잡이가 우세하지 못했을까요? 그것은 왼손잡이가 많이 나타나기 시작하면서 왼손을 사용해 싸우는 게 더 이상 유리하지 않아지자 줄어들었기 때문이랍니다.

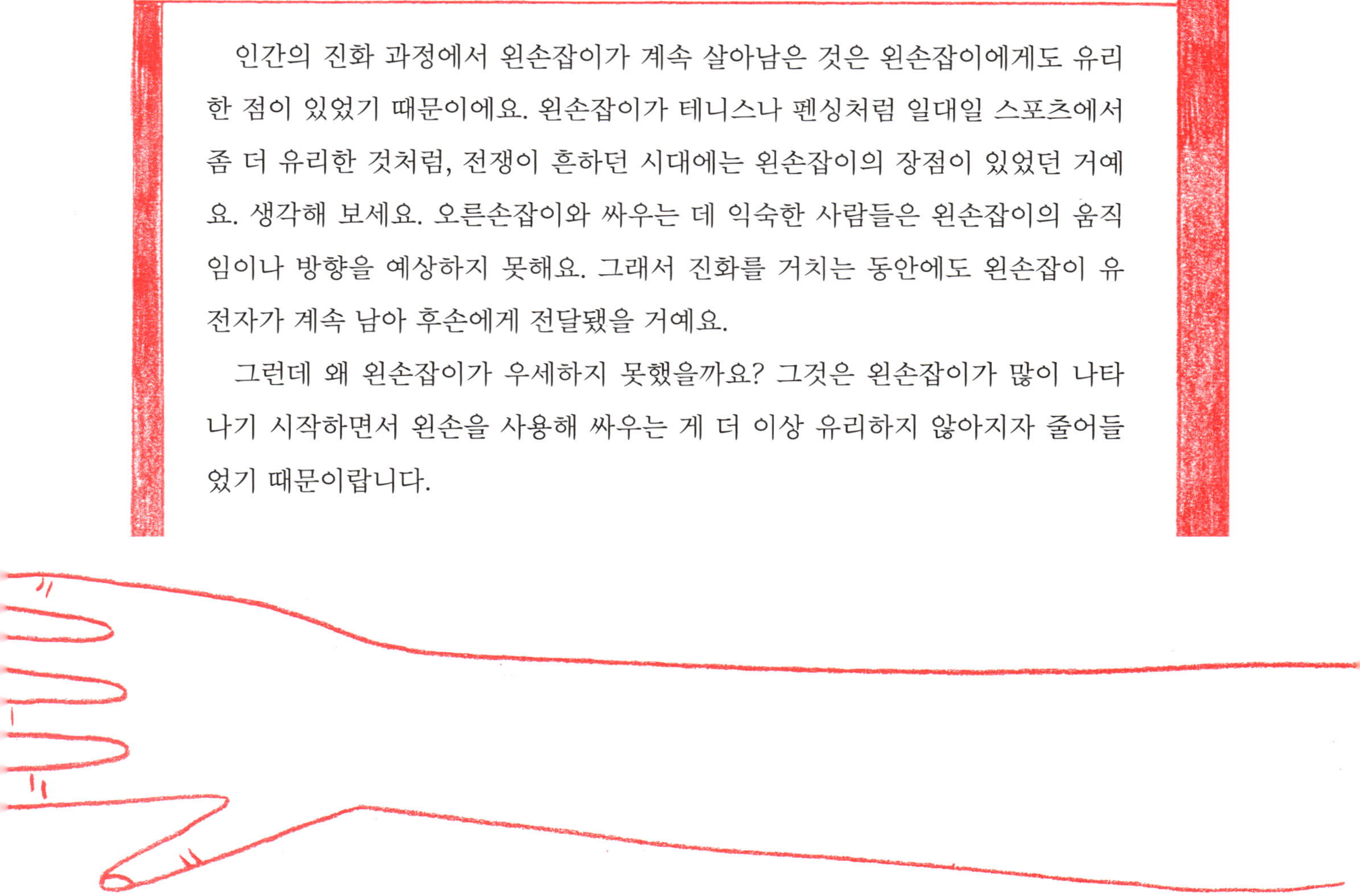

뇌의 역사

뇌 지식의 역사

과학자와 철학자들은 수 세기 동안 뇌를 관찰하면서, 뇌가 하는 일을 이해하려고 노력했어요. 하지만 뇌를 이해하는 게 쉬운 일은 아니에요. 또 시간이 한참 지난 뒤에는 우리가 알고 있던 뇌 이론 중 일부는 시대에 뒤떨어지고 불완전하며, 이상하고, 심지어 우스꽝스럽게 여겨질 가능성이 높아요. 그럼에도 뇌를 계속 탐구하는 일은 의미가 있답니다. 비록 종종 실수하고 실패를 겪기도 하지만 그러면서 진실에 점점 더 가까워지니까요.

뇌 연구는 이렇게 과학의 다른 영역과 마찬가지로 오랜 시간 좌절을 겪으면서도 많은 발전을 이뤘어요.

고대 이집트 파피루스에 나온 뇌

고대 이집트는 '뇌'라는 단어를 사용하고, 척수액과 수막(뇌를 덮어 보호하는 층)을 설명한 최초의 문명이에요. 기원전 1700년에 쓰인 것으로 보이는 파피루스가 발견되면서 알려졌지요. 이 파피루스는 고대 이집트의 한 외과 의사가 오래된 문서를 바탕으로 작성했을 거라 추측하고 있어요.

인류 역사상 최초의 의료 문서로 알려진 이 파피루스에는 부상이나 사고로 뇌가 손상된 사례가 담겨 있어요. 또 뇌의 특정 영역이 걷기, 말하기, 보기와 같은 인체 기능과 관련이 있다고 기록돼 있어요.

이 파피루스에 담긴 의학적인 설명에도 불구하고 고대 이집트에서 뇌는 큰 관심거리가 아니었어요. 지능의 원천으로 여기고, 미라 옆에 보관하던 심장처럼 중요한 것이 아니었지요. 사후 세계에서 사용될 수 있도록 보존한 여느 장기와 달리, 뇌는 미라로 만드는 과정에서 떼어 내 버렸답니다. 뇌는 그저 두피, 머리뼈를 덮는 부분을 고정하는 기능만 있어서 사람이 죽으면 필요 없는 기관이라고 생각했지요.

심장이 모든 것의 중심이었던 그리스

고대 이집트와 똑같은 일이 고대 그리스에서도 일어났어요. 그리스의 현자들은 생각과 감정을 조절하는 신체 기관이 심장이라고 믿었어요. 긴장하거나 사랑에 빠졌을 때, 심장이 더 빠르게 뛴다는 사실이 그 증거라고 생각했지요.

현자들 중에 아리스토텔레스는 뇌가 불같이 타오르는 마음과 생각을 식히는 냉각 기능을 한다고 생각했어요. 이후의 현자들도 감기에 걸렸을 때 코에서 나오는 액체가 냉각을 일으키는 뇌액에 해당한다고 믿었답니다.

하지만 고대 그리스에서 아리스토텔레스와 다른 생각을 한 현자가 있었어요. 바로 기원전 6세기경에 활동한 크로톤의 알크마이온이에요. 그는 감각과 생각을 뇌와 연결해서 살핀, 역사상 최초의 신경 과학자로 여겨지고 있어요.

아리스토텔레스

지식이 넘쳐흐른 알렉산드리아

기원전 3세기에 알렉산드리아는 고대에서 가장 중요한 지식의 중심지였어요. 당시 이 도시에는 수백 명의 사람들이 연구에 전념할 수 있게 도서관과 병원, 학교를 갖춘 거대한 연구 센터가 있었어요. 그래서 수많은 나라의 학자들이 모여들었지요.

그중에는 의사 헤로필로스와 에라시스트라토스가 있었어요. 둘은 뇌 연구에 전념하며 뇌 안의 빈 공간인 뇌실을 포함해 뇌에 대해 처음으로 상세하게 설명했어요. 뇌가 우리의 움직임, 감각, 생각에 중요한 역할을 맡고 있다는 걸 의심하지 않았지요.

이 사실을 더 정확하고 자세히 알리기 위해 인체를 해부하기도 했답니다. 인체 해부는 당시의 알렉산드리아에서는 허락됐지만 이후에는 금지됐어요. 두 의사의 인체 해부는 다음 시대의 뇌 연구에 큰 도움이 됐을 거예요.

페르가몬의 갈레노스

고대 그리스 갈레노스의 뇌 연구

고대 그리스 페르가몬 출신 의사 갈레노스도 개, 돼지, 원숭이 등 동물 해부로 뇌를 연구했어요. 그는 뇌가 모든 근육의 움직임을 제어한다는 것을 발견하고, 우리의 감각은 감각 기관뿐만 아니라 감각 기관과 관계된 뇌의 영역에도 의존한다고 주장했어요. 갈레노스는 뇌의 특정한 영역이 손상을 입으면 귀, 눈 등의 기관이 손상되지 않아도 감각에 영향을 끼친다는 사실을 밝혀냈어요.

갈레노스가 발견한 이 사실은 과학에 큰 공헌을 했어요. 하지만 일부 이론은 잘못된 주장도 있었지요. 갈레노스는 뉴런이 위치한 회백질에 대해서는 특별히 밝혀내지 못했어요. 한편 뇌와 척수(등골)를 보호하는 뇌척수액이 순환하는 심실은 매우 중요하게 생각했지요. 또한 심실에서 상상, 기억, 사고가 일어난다고 했어요. 이 주장은 한동안 맞다고 여겨졌지만 현재는 틀린 이론으로 밝혀졌어요.

중세에 잠을 잔 신경 과학

갈레노스가 199년에 세상을 떠난 뒤, 1,000년 이상이 지나 르네상스 시대에 이르러서야 뇌에 대한 지식이 발전했어요. 중세라고 불리는 이 시기에 미미하게나마 뇌에 대한 연구가 이뤄졌지요. 그중 하나가 음식이 소화될 때 일어나는 현상과 비슷하게 뇌가 단계적으로 작동한다는 사실을 발견했어요.

음식은 소화될 때 신체 내에서 이동하는 경로에 따라 상태가 바뀌어요. 학자들은 뇌가 작동할 때도 제일 먼저 감각이 이미지로 바뀌고, 그다음 단계에서는 뜨거워지고, 마지막 단계에 가서 생각으로 바뀐다고 여겼어요. 물론 이런 설명은 오늘날에는 조금 우스꽝스럽게 들릴지도 몰라요. 그래도 현재 우리가 생각하는 뇌의 작동 방식에서 크게 벗어나지는 않는답니다.

르네상스 시대에 진실을 찾는 베살리우스

몇 세기 뒤에 안드레아스 베살리우스도 인체를 해부했어요. 갈레노스와 달리 동물이 아닌 인간을 대상으로 해부했기 때문에 결과에서 큰 차이가 났지요. 그러나 학자들이 회백질에 관심을 갖기 시작한 것은 베살리우스 때부터가 아니에요.

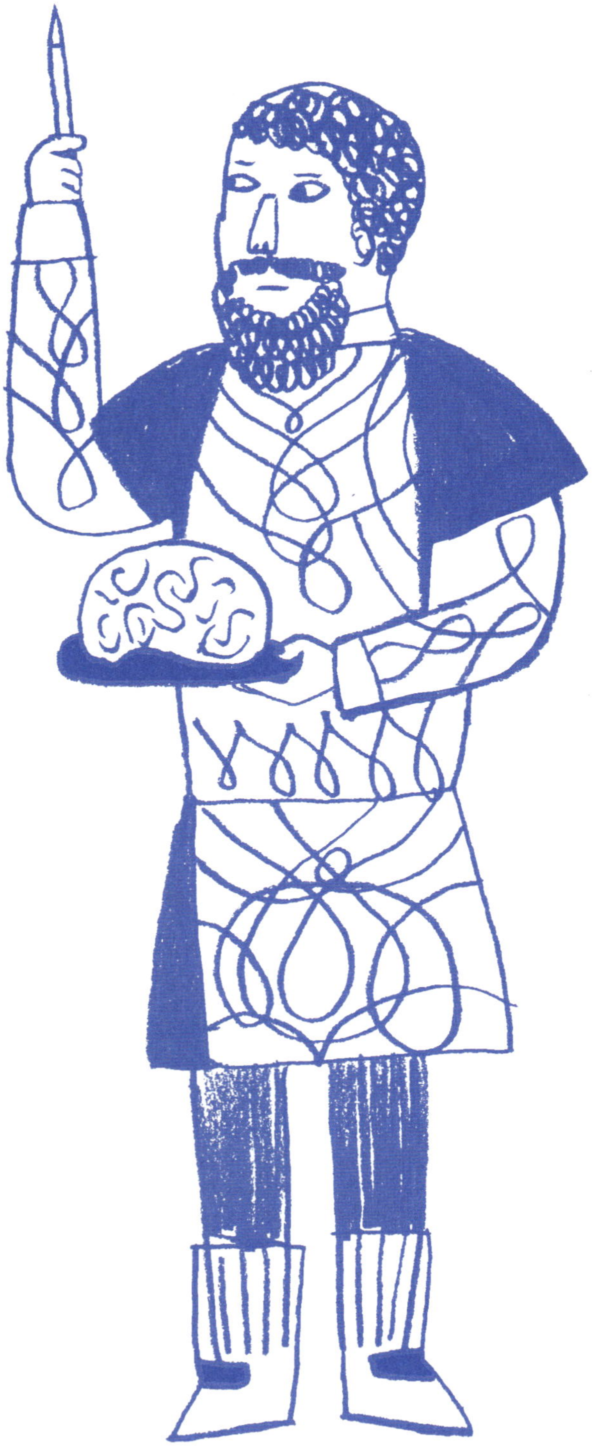

안드레아스 베살리우스

토머스 윌리스

바로 로마의 해부학 교수인 아르찬젤로 피콜로미니가 회백질과 백질을 구분하는 데 중요한 역할을 했어요. 그는 회백질을 '피질', 백질을 '수질'이라고 이름을 붙인 사람이에요(백질은 수초에 의해 흰색을 띠는 것으로 알려져 있어요).

그럼에도 불구하고 19세기까지 '피질' 또는 '외피'라는 용어가 계속 쓰였는데, 이는 당시 외피를 중요하게 여기지 않았다는 사실을 잘 보여 주고 있어요. 외피는 그저 껍데기 같은 의미였을 거예요.

마침내 누군가 피질을 알아차렸어요!

19세기까지 피질에 정신 기능이 있다고 말하는 사람은 거의 없었어요. 유일하게 17세기에 영국 옥스퍼드 대학교의 토머스 윌리스가 피질이 우리의 의지와 기억에 영향을 끼친다고 주장했지요. 하지만 안타깝게도 그 이론은 오래 못 가 묻히고 말았어요.

그 후 150년 동안 피질은
거의 아무 기능이 없는 기관으로 생각됐어요.
또 소장처럼 구불구불한 관이
얽히고설킨 모습으로 그려졌지요.

전기, 현미경, 많은 학자의 등장

그리고 18세기에 이르러 전기가 뇌 연구에 쓰였어요. 루이지 갈바니라는 이탈리아 과학자는 개구리 다리 실험으로 전류가 어떻게 몸을 통과하고 근육을 움직이는지 관찰했어요. 그리고 우리 몸이 전기 충격으로 작동한다는 사실을 깨달을 때까지 그리 오랜 시간이 걸리지 않았어요.

루이지 갈바니 이후 많은 학자가 뇌 지식의 역사에 기여했어요.

『종의 기원』을 쓴 찰스 다윈, 뇌에서 언어와 관련된 영역을 발견한 프랑스 의사 폴 브로카, 뉴런의 구성 요소를 최초로 설명한 독일 해부학자 오토 다이터스, 신경계의 구조를 관찰하는 특수 염색법을 개발한 이탈리아 의사 카밀로 골지, 뉴런이 일종의 회로로 연결된다는 사실을 밝힌 스페인 신경 조직학자 산티아고 라몬 이 카할, 피질에서 약 50개 영역의 이름을 만든 독일 신경학자 코르비니안 브로드만 등의 학자들이 계속 나왔어요.

1931년에는 전자 현미경이 발명돼 뇌 구조와 관련된 새로운 내용이 상세히 밝혀졌고, 이어서 또 다른 연구 결과로 이어졌어요.

물론 일부는 잘못되거나 틀린 내용도 있었어요. 바로 19세기 초부터 20세기 중반까지 유행한 골상학이 그랬어요. 독일의 의학자 프란츠 요제프 갈이 창시한 이 학문은 머리뼈의 모양으로 그 사람의 성격과 심리적 특성을 알 수 있다고 했는데, 잘못된 이론으로 보고 있어요.

루이지 갈바니

카밀로 골지

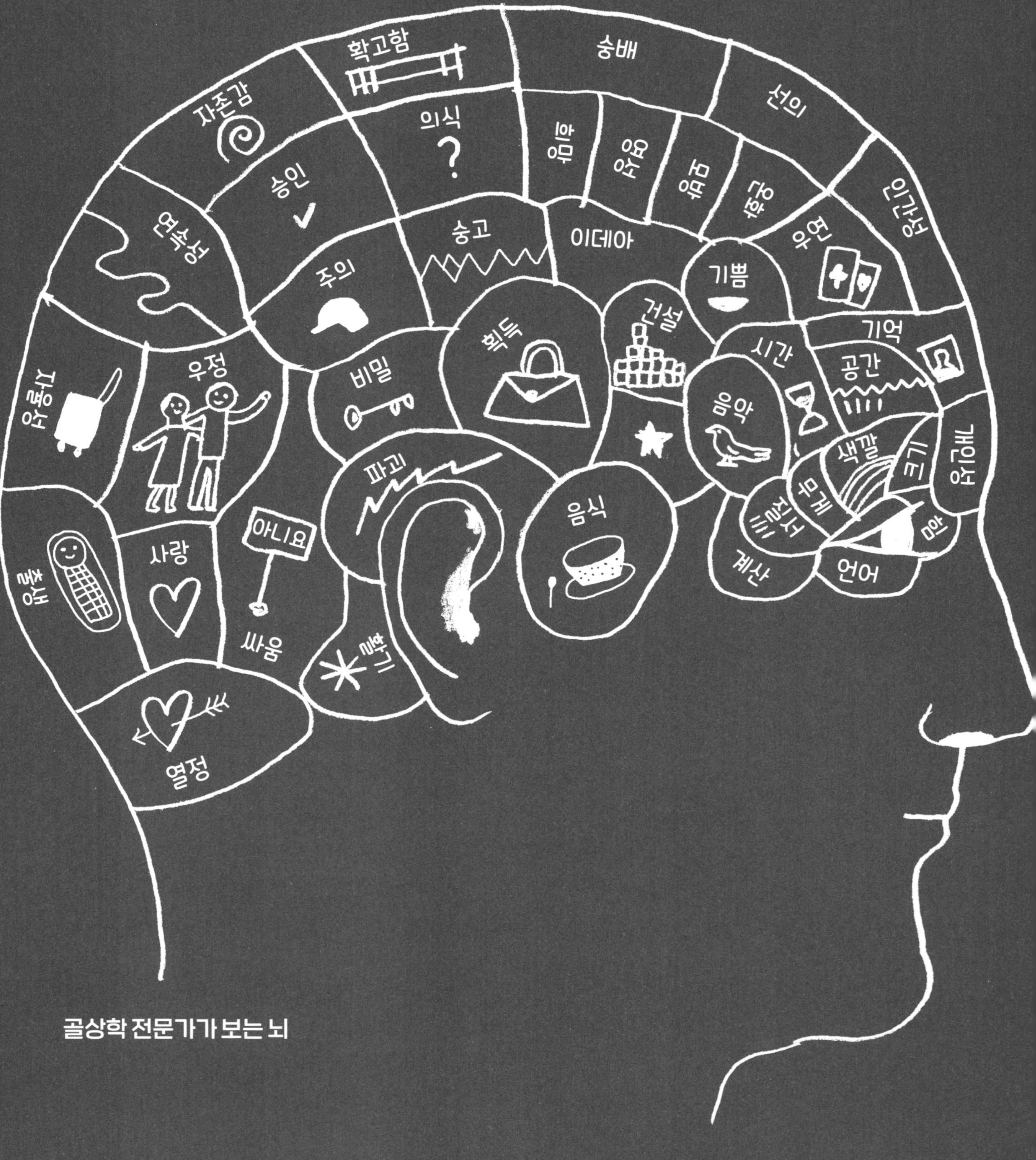

확고함
숭배
자존감
의식
선의
희망
승인
인간성
연속성
숭고
이데아
기쁨
우연
주의
건설
획득
기억
비밀
시간
우정
공간
자율성
음악
색깔
개인성
파괴
크기
질서
무게
아니요
음식
사랑
계산
언어
출생
싸움
열정

골상학 전문가가 보는 뇌

그런데 당시에는 가장 똑똑한 사람들도 어떤 결정을 내릴 때, 예를 들어 가장 좋은 직업을 선택하거나 가장 이상적인 배우자를 고를 때 골상학에 의존했어요. 요즘에 손금으로 운세를 보는 것과 비슷하게 느껴지지 않나요?

산티아고 라몬
이 카할

산티아고 라몬 이 카할

이탈리아 의사 카밀로 골지의 이론이 나온 지 14년 뒤에 스페인의 산티아고 라몬 이 카할이라는 신경 조직학자가 한 이론을 발견했어요. 이 이론은 이때부터 현대 신경 과학이 시작됐다고 말하는 사람들이 있을 정도로 큰 혁명으로 이어졌어요.

카할은 관찰을 통해 뉴런이 개별 단위이며, 다른 뉴런과 교류하는 수상 돌기가 있고 회로를 형성한다고 주장했어요. 카할의 연구 결과는 정보가 뉴런 연결망을 통해 신경계에서 순환한다는 이론의 기원이 됐는데, 지금까지도 설득력이 있는 주장으로 여겨져요.

카밀로 골지가 개발한 염색법을 수정해
뇌 조직 세포를 본 카할은
너무나 기뻐하며 이렇게 감탄했다고 해요.
“이 얼마나 예상치 못한 광경인가!"

뇌와 비교되는 최신 기술

역사를 살펴보면 뇌는 언제나 각 시대의 가장 앞선 기술과 비교됐어요. 산업혁명 시대에는 뇌가 매우 독창적이고 복잡한 증기 기관으로 묘사됐고, 그다음에는 전선이 가득 연결된 전화 교환기에 비유됐지요. 또 컴퓨터가 등장했을 때 뇌는 매우 특별한 마이크로프로세서로 여겨졌고, 최근에는 인터넷과 비교되고 있어요. 앞으로 뇌가 무엇에 비교될지 우리 한번 같이 지켜봐요.

MRI, PET, MEG: 뇌를 볼 수 있는 기술

오늘날 신경과 전문의는 핵자기 공명 장치(MRI), 양전자 단층 촬영(PET), 자기 뇌파 검사(MEG)로 찍은 사진을 보면서 뇌를 치료하고 있어요. 뇌를 관찰하는 방식이 매우 정확하고 명료하지는 않지만 이전보다는 뇌에 대해 더 많이 알게 되었답니다.

뇌 과학자의 출생 연도표

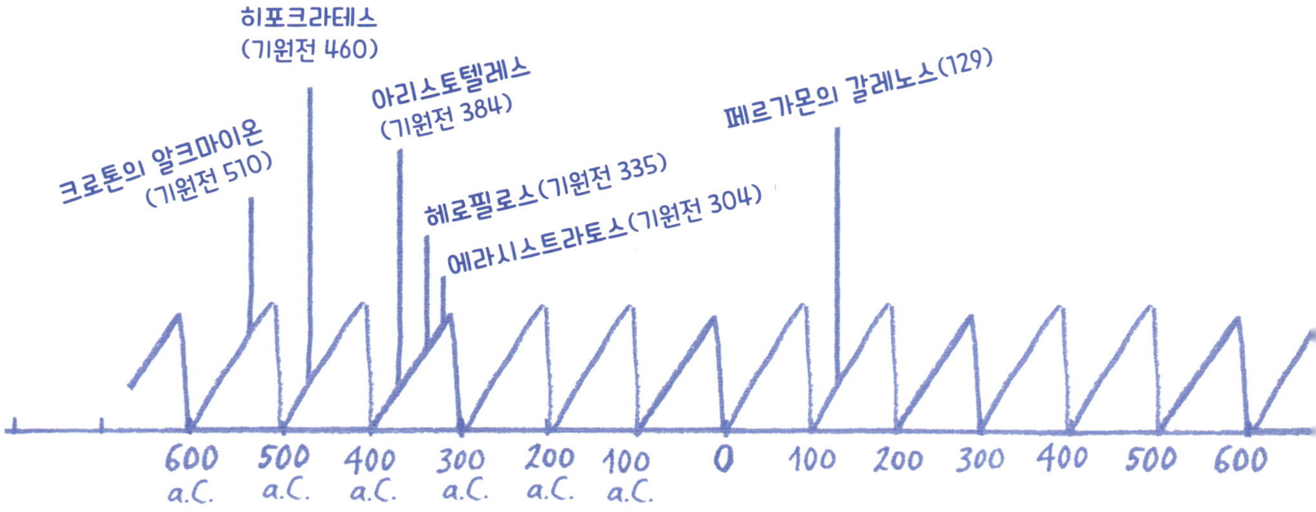

미래를 향해 가는 뇌 과학

과학자들이 가장 최근에 발견한 것 중 하나는 광유전학으로, 유전자를 연구하는 유전학과 빛을 연구하는 광학에 생명 공학까지 결합한 과학 기술이에요.

광유전학으로 우리는 뇌의 특정 뉴런을 활성화하고, 뉴런의 변화를 관찰할 수 있게 됐답니다. 과학자들은 이 기술을 매우 반가워하고 있어요. 우리 몸에서 살아 숨 쉬는 신체 조직을 관찰하는 데 사용할 수 있기 때문이지요. 덕분에 관찰 결과가 이전보다 더 정확한 정보로 이어질 가능성도 높아졌어요.

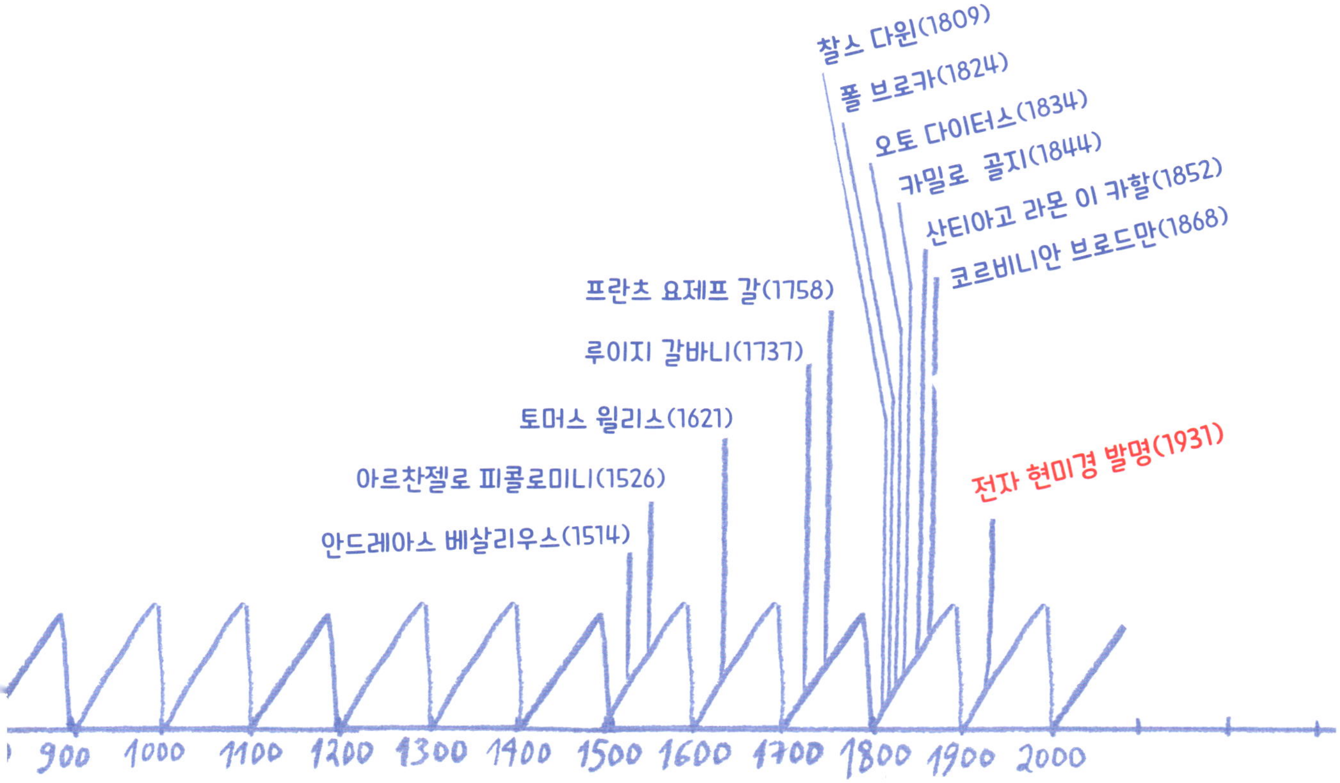

뇌의 지도

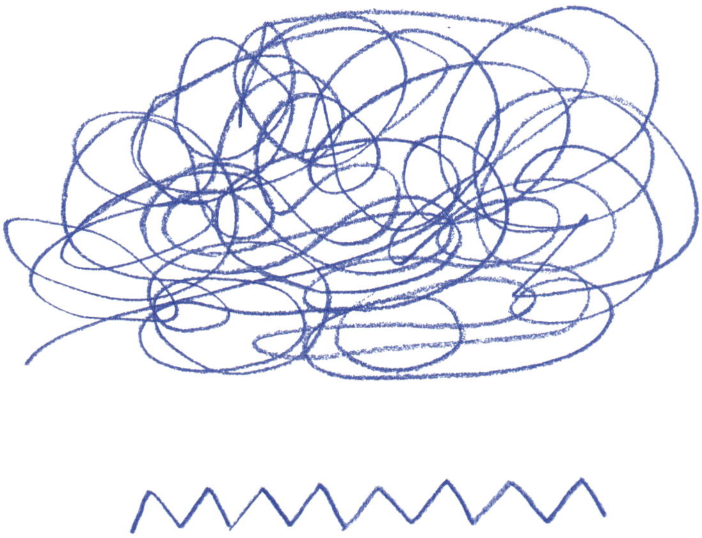

뇌 지도를 만들 수 있을까요?

뇌의 여러 영역을 구별하고, 각 영역의 역할을 발견하는 것은 신경 과학 분야의 큰 과제였어요. 그 과제를 푸는 과정은 어려운 데다가 아주 오랜 시간이 걸렸지요. 그런 노력 덕분에 지금은 많은 정보를 알게 됐어요. 신체의 특정 부위를 움직이는 영역, 숨을 쉬거나 음식을 소화하는 것처럼 필수적인 기능을 맡은 영역에 대해서는 어느 정도 밝혀졌어요.

현재도 여전히 많은 연구가 이뤄지고 있답니다. 덕분에 뇌는 우리가 상상하는 것처럼 따로 뚝 떨어진 하나의 신체 기관이 아니라는 사실도 알게 됐지요. 뇌에는 여러 영역이 있고, 이 다양한 영역이 합쳐져 더 크게 구성되는 시스템이 뇌라고 할 수 있어요. 다시 말해 우리의 감정과 의사 결정, 창의성, 예술적 경험, 의식 등은 뇌의 여러 영역 사이에서 일어나는 활동과 소통으로 얻어지는 결과랍니다.

다음 쪽부터 뇌의 주요 영역을 알려 주는 뇌 지도를 살펴볼 수 있어요.

신경계 지도

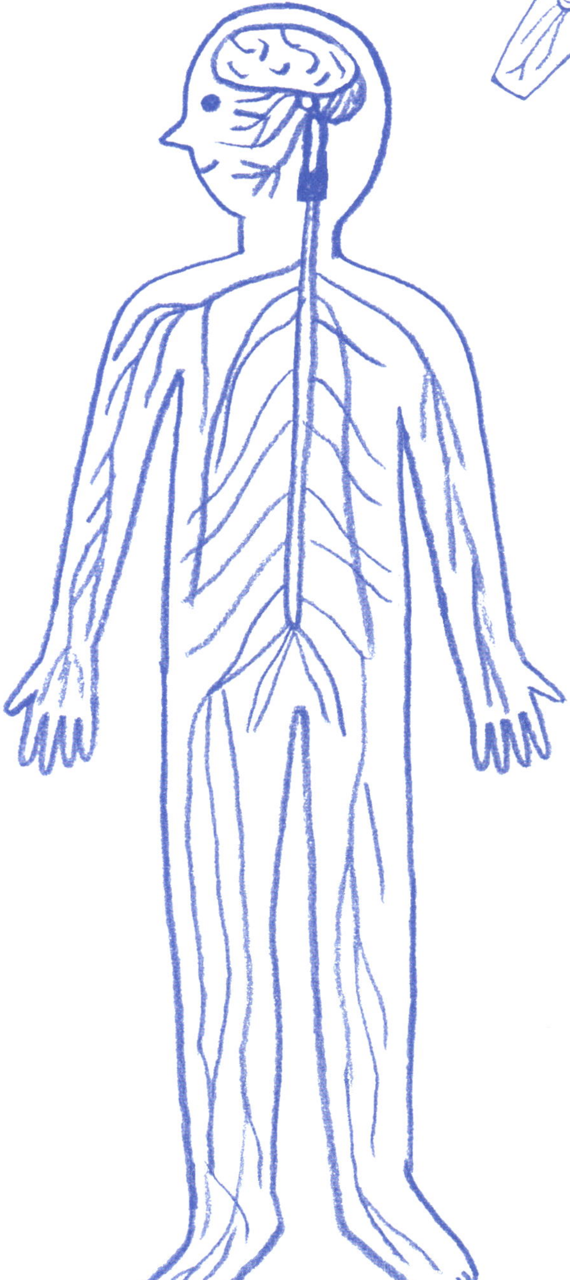

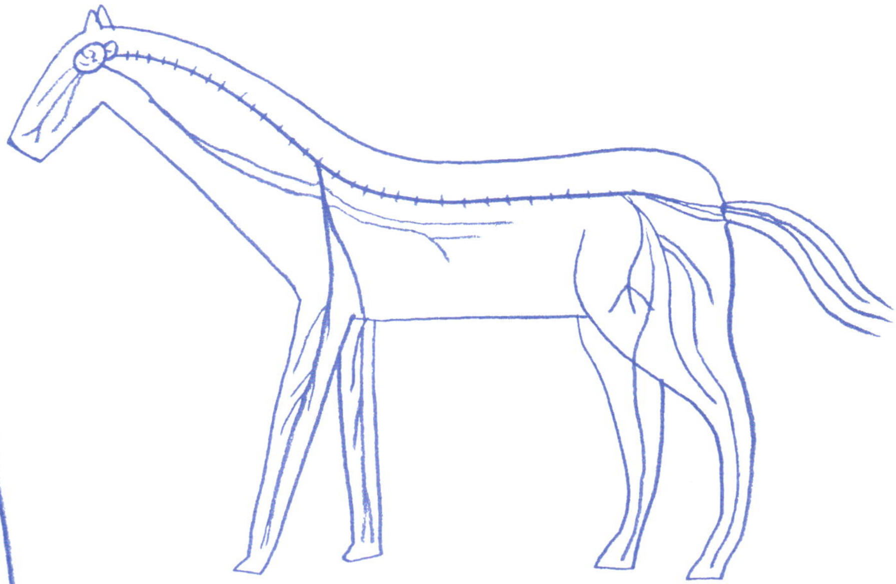

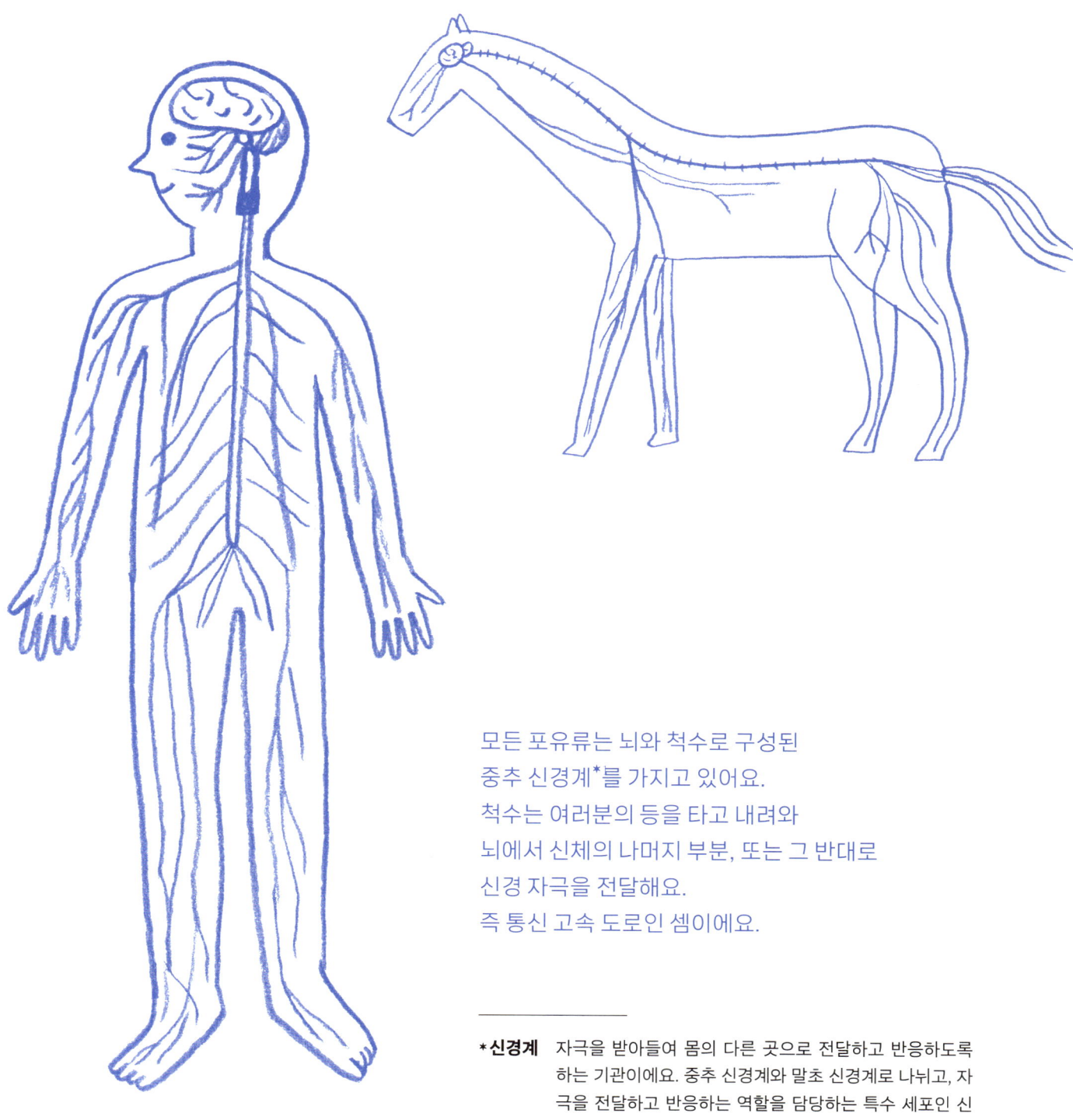

모든 포유류는 뇌와 척수로 구성된
중추 신경계*를 가지고 있어요.
척수는 여러분의 등을 타고 내려와
뇌에서 신체의 나머지 부분, 또는 그 반대로
신경 자극을 전달해요.
즉 통신 고속 도로인 셈이에요.

***신경계** 자극을 받아들여 몸의 다른 곳으로 전달하고 반응하도록 하는 기관이에요. 중추 신경계와 말초 신경계로 나뉘고, 자극을 전달하고 반응하는 역할을 담당하는 특수 세포인 신경 세포로 이뤄져 있어요.

뇌 반구 지도

왼쪽 반구 ❶
오른쪽 반구 ❷
뇌량 ❸

❶ ❷ 반구: 두 개로 나눠진 뇌

오른쪽 반구는 우리 몸의 왼쪽을, 왼쪽 반구는 몸의 오른쪽을 제어하는 것으로 알려져 있어요. 하지만 두 반구의 기능과 관련해서 아직도 수수께끼로 남아 있는 부분이 많아요. 오른쪽 반구는 음악, 시, 색깔, 모양 같은 추상적인 사고와 더 많이 연결돼 있고, 왼쪽 반구는 수학, 논리, 언어 같은 보다 분석적인 영역을 맡고 있는 것으로 알려져 있어요. 그러나 아직은 이 모든 것이 연구 중이랍니다.

❸ 뇌량: 두 반구 사이의 다리

생각의 세계는 뇌의 두 반구가 서로 소통하며 이뤄져요. 이때, 두 반구가 서로 적대적으로 반응하는 일은 없어요. 두 반구는 같이 일하며 여러 요인을 서로 적용해서 더 큰 효과를 내요. 또 그런 효과를 얻을 수 있도록 대화를 나눠요. 이 대화는 좌우 대뇌 반구를 다리처럼 연결하는 뇌량이라는 신경 섬유 다발 덕분에 가능하지요. 두 반구 사이의 깊은 곳에 활 모양으로 밀집한 뇌량은 뉴런과 뉴런의 통신이 수백만 번 이뤄지는 곳이에요.

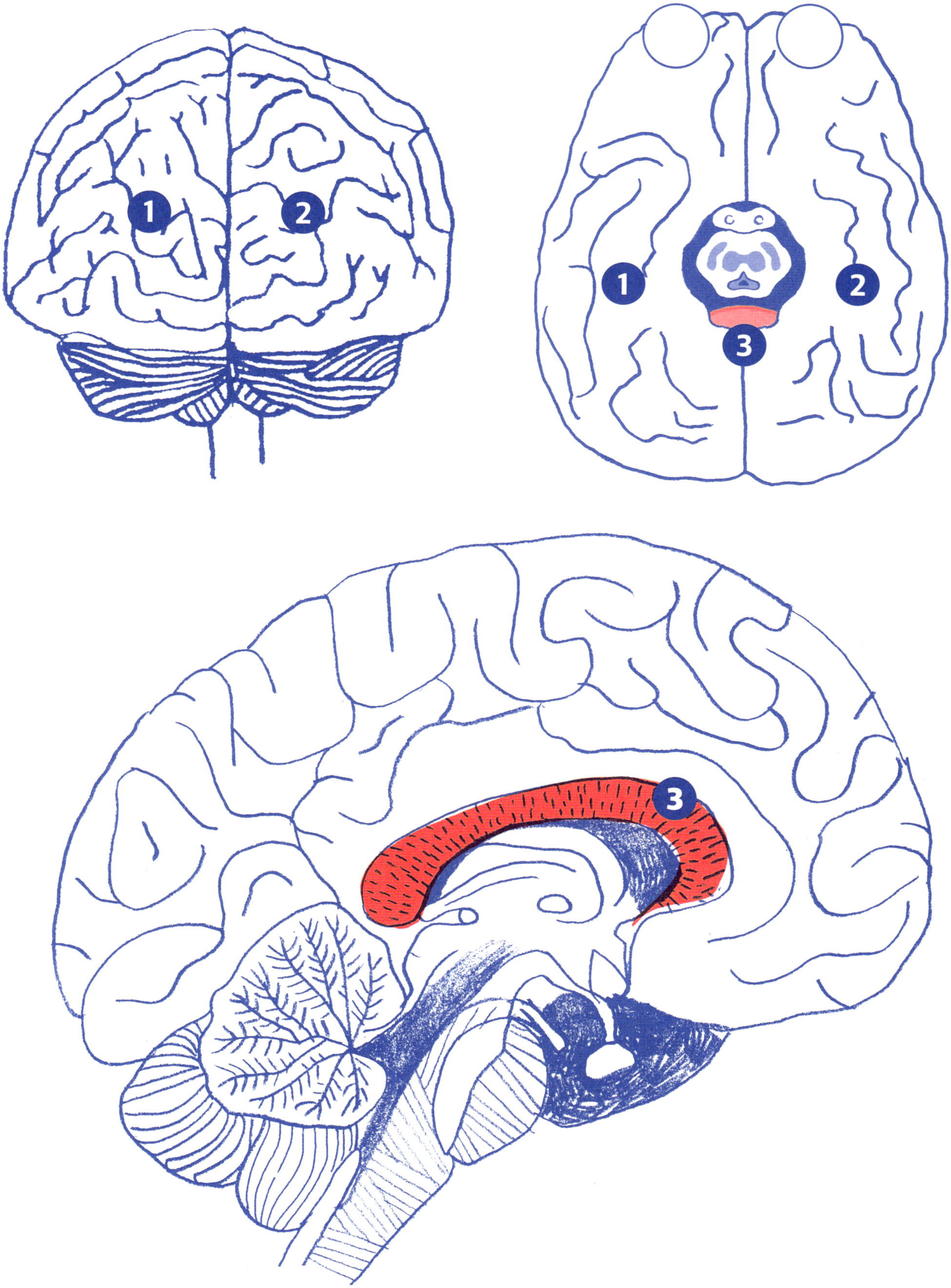
1
2
1
2
3
3

뇌의 주요 영역 지도

1. 뇌간
2. 소뇌
3. 대뇌 피질(피질 영역과 피질하 영역)

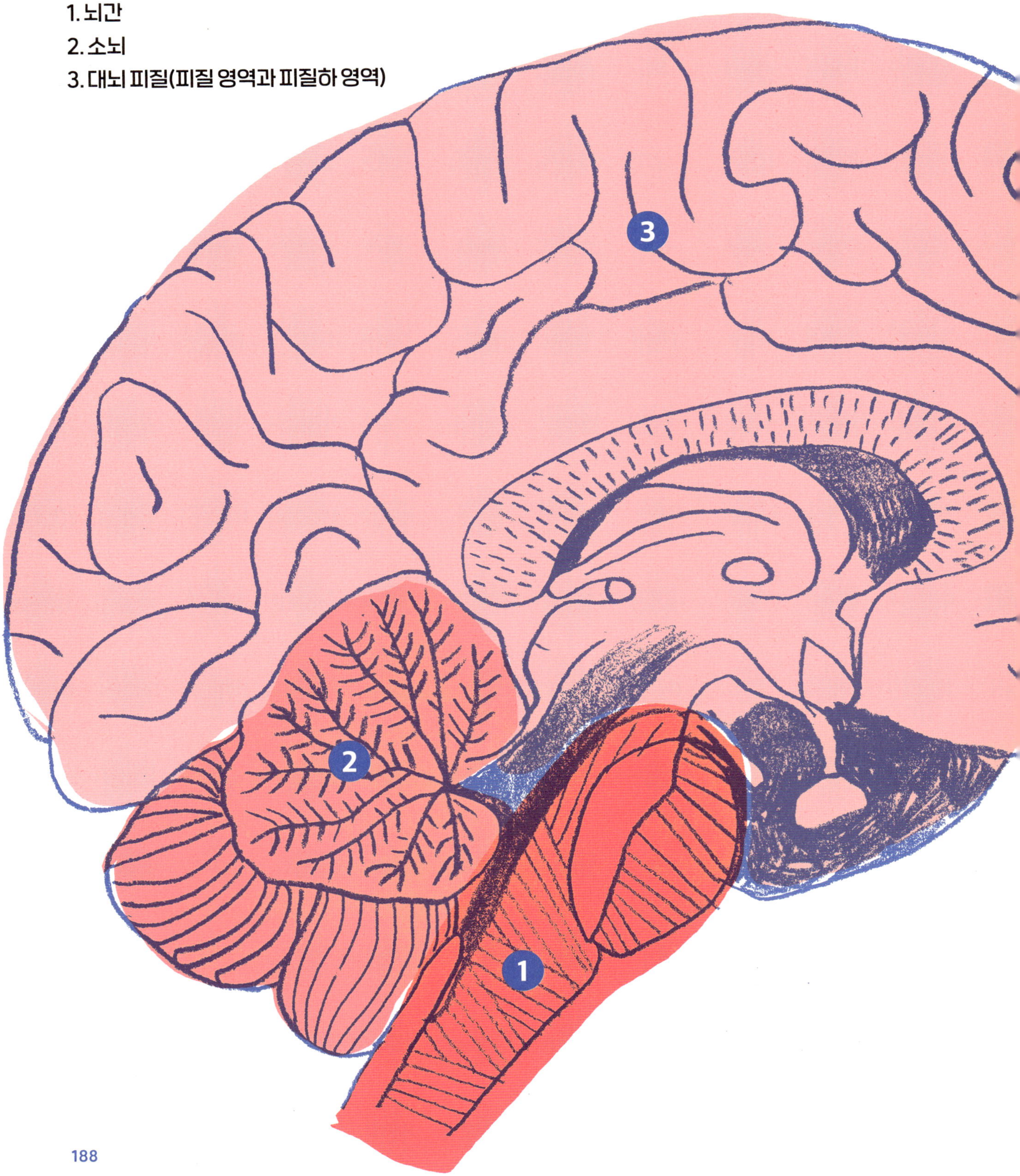

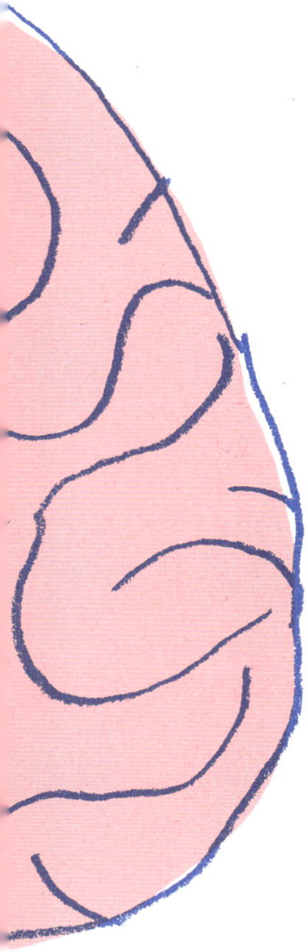

❶ 뇌간: 기관실

뇌간은 호흡, 심박, 혈압, 혈액 순환 등 생명을 유지하는 데 필수적인 신체 기능을 제어해요. 뇌간은 자동적으로 움직이는 신체 활동, 다시 말해 심장 박동, 호흡, 소화처럼 여러분이 통제할 수 없는 모든 것을 책임지고 있어요. 뇌간은 척수와 뇌를 연결해 줘요.

❷ 소뇌: 조종실

'작은 뇌'라고도 불리는 소뇌는 머리 뒤쪽, 피질 아래에 자리 잡고 있어요. 소뇌는 운동 피질과 조화를 이루고 우리의 움직임과 운동을 조절하고 균형을 제어하는 등 신체에서 아주 중요한 기능을 담당해요. 크기는 전체 뇌의 10분의 1에 불과하지만 소뇌에는 뇌의 나머지 부분에 있는 뉴런들을 합친 것보다 더 많은 뉴런이 있어요.

❸ 대뇌 피질(피질 영역과 피질하 영역)

피질은 뇌에서 가장 큰 영역이에요. 피질은 계획과 결정을 내리는 데 매우 중요한 전두엽, 신체의 자발적인 운동과 움직임을 맡고 있는 부분으로 이뤄져 있어요. 또 청각이나 시각처럼 감각 기관을 통해 가져온 정보를 처리하는 영역, 학습 및 기억(해마), 감정(편도체)과 연결된 영역으로 이뤄져 있어요.

피질 영역과 피질하 영역 지도

1. 전전두엽 피질
2. 운동 피질
3. 청각 피질
4. 시각 피질
5. 체감각 피질

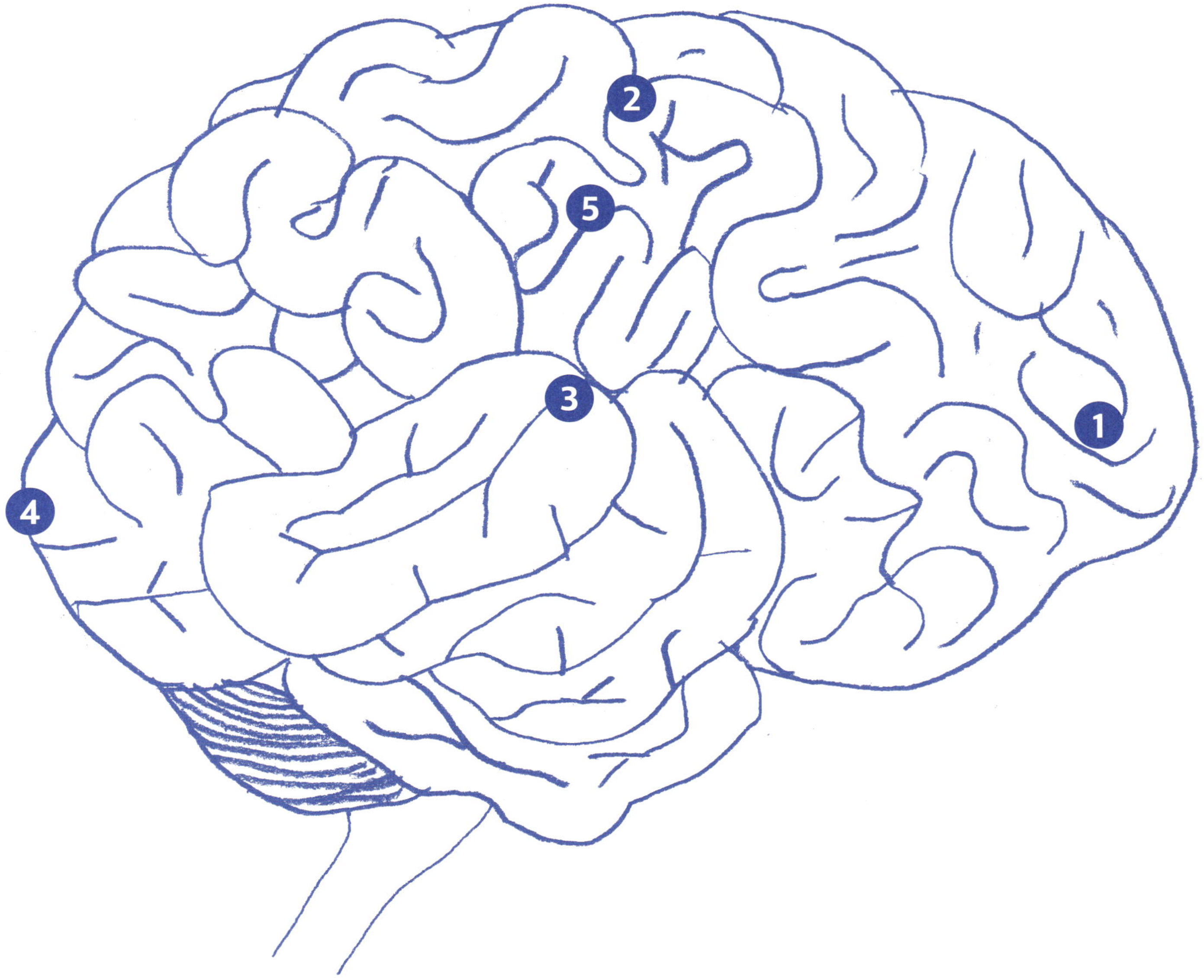

6. 시상
7. 해마
8. 편도체
9. 시상 하부
10. 뇌하수체

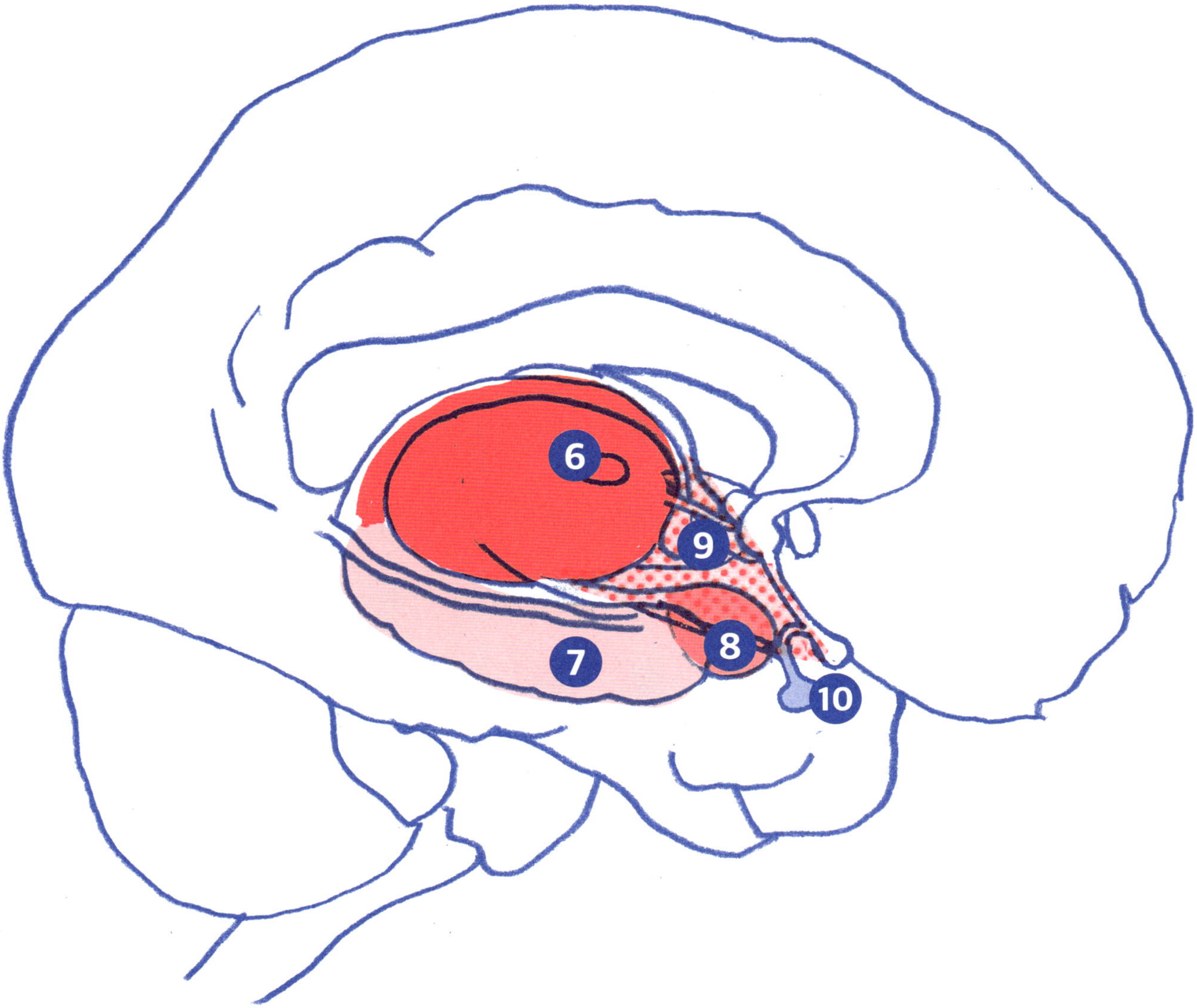

뇌는 하나의 세계랍니다! 이 그림은 그저 몇 가지 영역만 보여 줄 뿐이에요.
왜냐하면 더 많은, 우리가 아직 모르는 부분이 뇌에 많이 있거든요.

❶ 전전두엽 피질

전전두엽 피질은 전두엽의 앞부분을 덮고 있는 곳으로, 무언가에 대해 결정을 내리고, 찬성해야 할지 반대해야 할지를 판단해요. 또 과거의 경험을 돌이켜 생각하게 만들지요. 예를 들어 "어제 일어난 일을 떠올렸을 때, 지금 숙제를 하는 게 좋을까, 아니면 나중으로 미루는 것이 좋을까?"와 같은 거예요.

❷ 운동 피질

운동 피질은 우리가 의식적으로 움직일 수 있게 해 줘요. 팔과 다리를 움직이는 것뿐 아니라 표정, 손이나 입의 움직임(말하기)과 같은 보다 섬세한 행위도 가능하게 만들어요. 운동 피질은 가까이 있는 체감각 피질 및 소뇌와 계속 통신하지요.

❸ 청각 피질

청각 피질은 소리와 음색을 인식하는 역할을 해요. 우리가 소리의 위치를 알아차리고, 다른 멜로디를 알아듣게 해요.

❹ 시각 피질

시각 피질은 머리 뒤쪽, 바로 목덜미 위에 있어요. 그러니까 눈에서 조금 멀리 떨어져 있지요. 빛, 모양, 색깔, 움직임, 방향 등과 같은 시각 정보를 받고 해석해요.

❺ 체감각 피질

체감각 피질은 피부의 센서가 보내는 감각을 받고, 이해한 뒤 판단해요. 온도, 압력, 질감, 통증 등을 느끼는 촉각과 연결돼 있어요.

❻ 시상

시상은 실제로는 뇌의 좌우 반구에 하나씩, 겉으로 볼 때 두 개의 타원형으로 구성돼 있어요. 시상은 인간의 다섯 감각 중 후각을 뺀 네 개의 감각과 고통을 느끼는 감각과 연관돼 있어요. 시상은 감각이 보내는 정보들의 우선순위를 정한 다음 피질에 전달해요.

❼ 해마

해마는 감정과 연결된 편도체와 긴밀히 협력해서 우리의 학습과 기억 형성에 참여해요. 흥분했던 경험일수록 뇌에 오랫동안 저장된답니다. 또한 공간 기억과도 관련이 있어요. '해마'라는 이름은 바다에 사는 해마의 모습과 비슷하게 생겨서 붙었지요.

❽ 편도체

두렵거나 화가 났을 때 더욱 활발하게 움직이는 것은 아몬드 모양의 뇌 영역인 편도체랍니다. 목구멍 안에 있는 편도와 이름이 같지만 편도체는 뇌에 있어요.

❾ 시상 하부

시상 하부는 수면과 체온을 조절하고, 식욕을 통제하며, 생식과 관련이 있어요.

❿ 뇌하수체

뇌하수체는 완두콩 크기에 무게는 약 1그램이에요. 성장을 담당하는 호르몬을 만들어요.

지금부터 앞으로 뇌는?

뇌는 계속해서 진화하고 변화할 거예요. 오늘날 우리는 선사 시대 사람들과는 다르게 오랜 시간 동안 앉아 있어요. 하루 중 많은 시간을 컴퓨터 앞에 앉아 정보를 주고받으며 수백, 수천 개의 이미지를 봐요. 이런 일상의 변화가 뇌의 작동 방식을 바꿀 거라고 해요. 우리의 뇌가 미래에 어떻게 변화할지는 확실히 알 수 없지만, 필요에 따라 신경망이 스스로 새롭게 재구성될 거라고 보고 있어요.

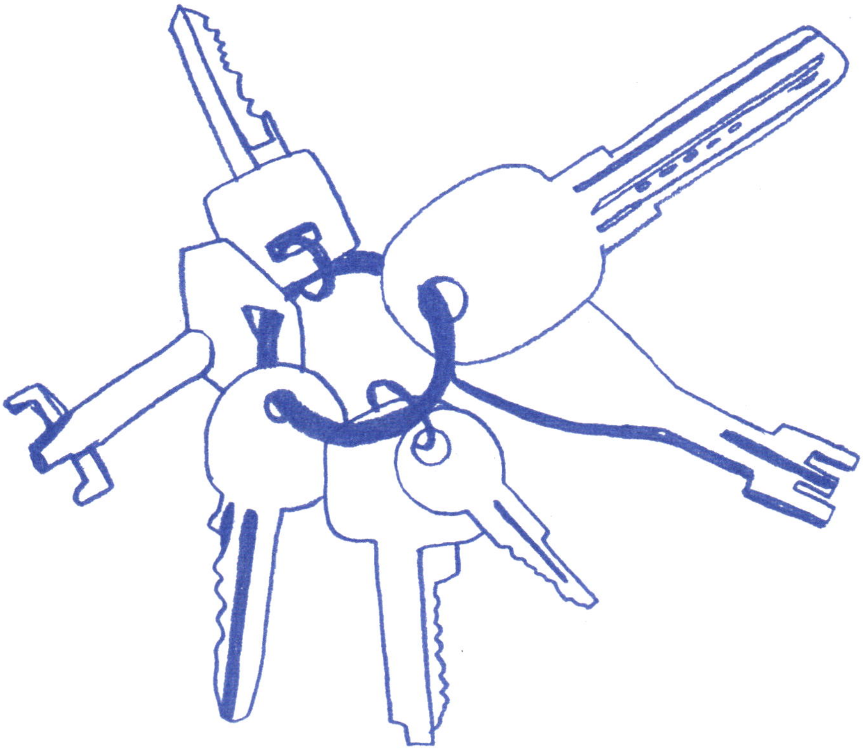

뉴런 지도

뉴런은 뇌의 주요 세포들이며, 뇌와 신체를 잇는 통신에 필수적이에요.

뉴런의 역할: 뇌와 신체의 소통

신경계(뉴런의 통신 연결망)의 역할: 신체가 행동하고 활동하게 함

뉴런은 매 순간 신체의 각 부분(장기, 근육, 땀샘 등)에 신호를 보내고, 또 신체 내부와 외부에서 일어나는 일에 대한 정보를 받아요.

그리고 정보를 받은 뉴런은 새로운 메시지를 다시 보내요. 그리고 현재 일어나는 일과 관련된 우리의 행동과 생각을 살펴보며 이끌어 나가지요.

우리 머릿속에서 무슨 일이 벌어지는지 알고 싶다면, 다음에 나오는 뉴런 지도를 살펴보세요.

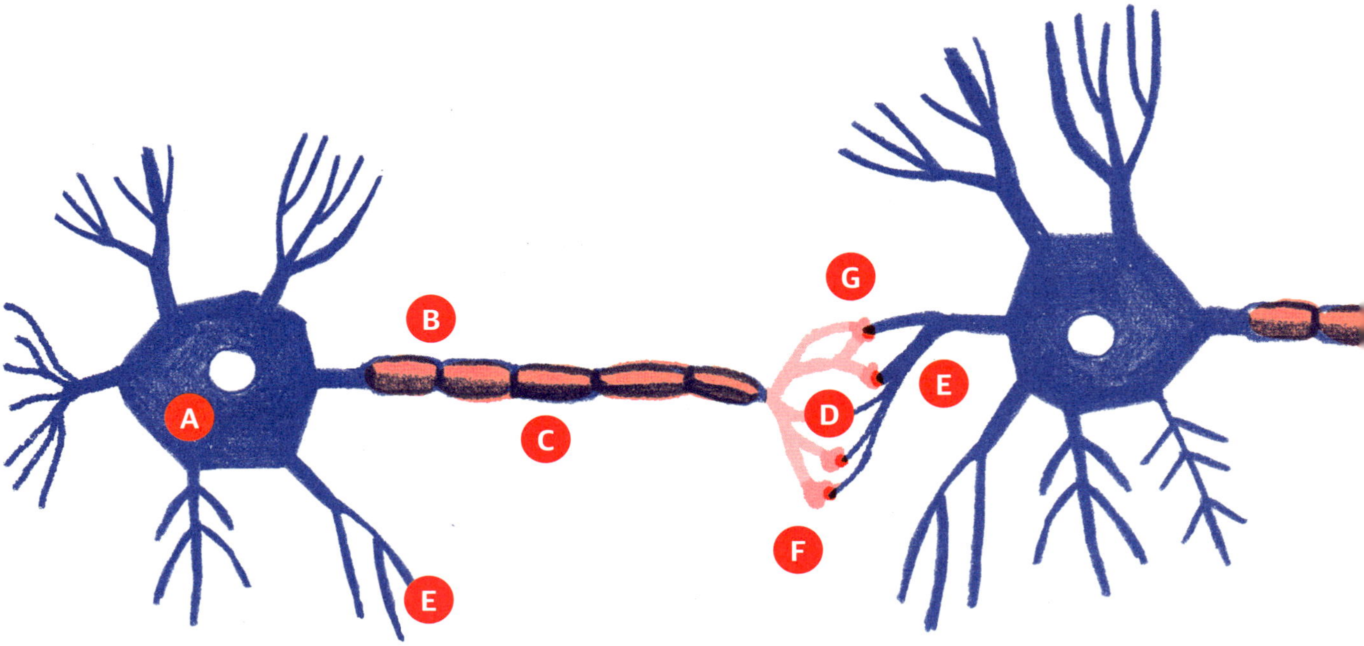

뉴런은 어떻게 서로 통신할까요?

1. 신경 세포인 뉴런에는 많은 가지들이 뻗어 나와 서로 연결되지요. 신경 세포 하나에 수천, 수만 개의 가지가 나 있어요.
2. 신경 세포의 가지와 가지를 이어 주며 신호를 주고받는 부위를 '시냅스'라고 불러요.
3. 신경 세포는 시냅스에서 전기 신호를 주고받으며 정보를 전달해요. 동시에 화학적인 방법으로도 정보를 전달해요. 바로 도파민, 세로토닌 등 신경 전달 물질을 이용해 연결된 신경 세포를 흥분시키거나 억제하며 소통하는 방법이지요.

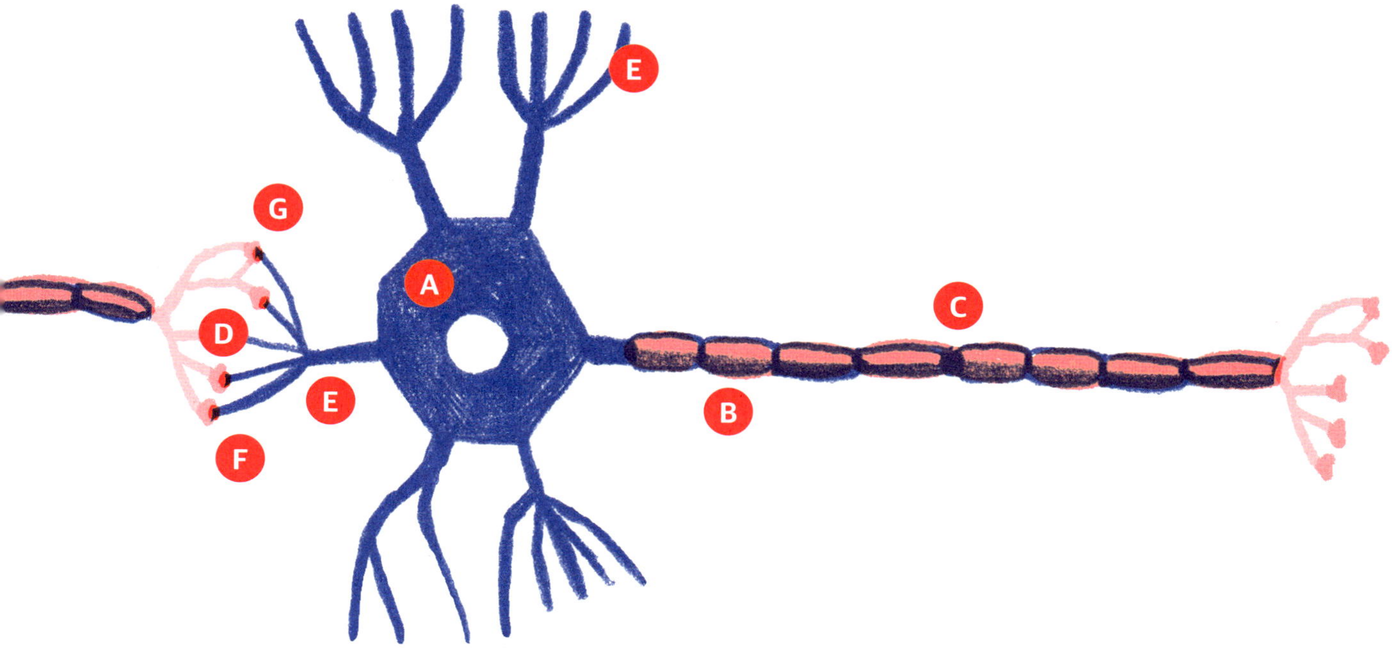

A 신경 세포체: 뉴런의 세포체예요.

B 축삭: 뉴런 신호를 이웃 뉴런에 전달하는 신경 섬유예요. 뉴런을 서로 연결해 주는 다리처럼 움직여요.

C 수초(미엘린): 축삭을 싸고 있으며 신경 연결을 강화하는 층이에요. 자극의 전달을 더 빠르게 해요.

D 신경 전달 물질: 뉴런에 의해 방출되는 화학적 메신저예요.

E 수상 돌기: (다른 뉴런에서 오는) 신호를 받는 뉴런의 가지예요.

F 축삭 돌기 말단: 축삭의 끝부분이에요.

G 시냅스: 뉴런이 다음 뉴런에 신호를 전달하는 지점이에요. 전기적, 전기 화학적인 방법으로 신호를 보내는데, 보통 신경 전달 물질을 이용해요.

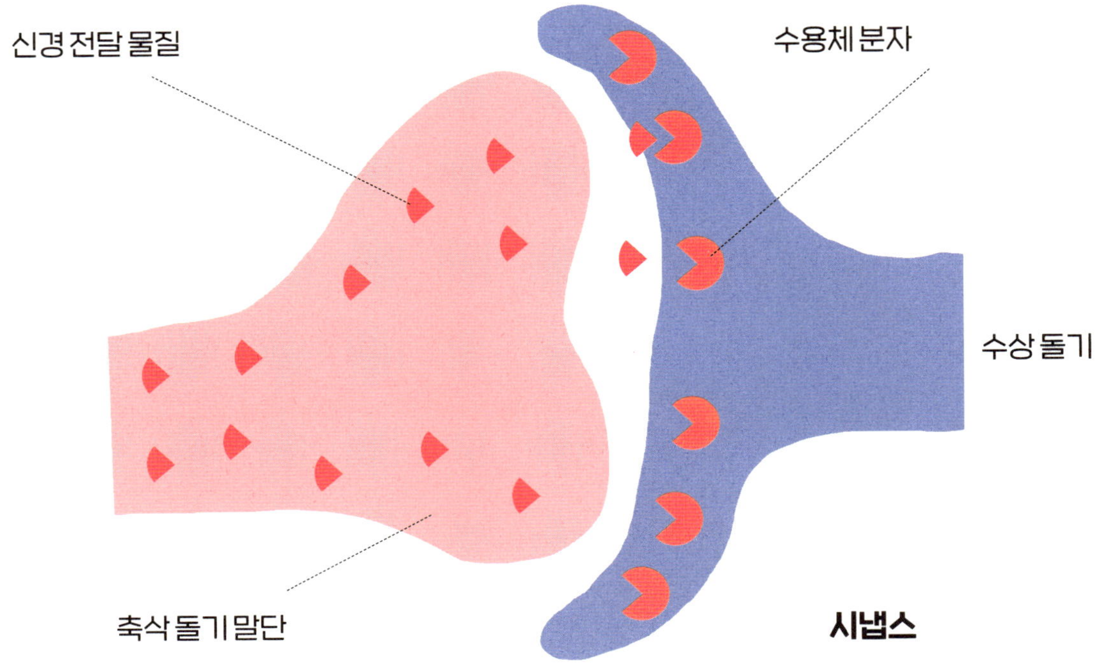

신경 전달 물질은 수용체 분자에 딱 맞는 열쇠 같아요.

자극은 뇌에서 얼마나 빨리 이동할까요?

자극이 이동하는 속도는 다양해요. 초당 0.5~120미터로 이동해요. 초당 120미터는 시속 432킬로미터로, 무척 빠른 속도예요.

자극은 수초 보호막이 덮인 축삭 돌기를 통해 가장 빨리 이동해요. 옆에 그림에서 긴 줄기를 감고 있는 흰색 층이 보이나요? 이 흰색 층이 수초 막이고, 그 안에 줄기가 바로 축삭 돌기예요.

수초는 우리가 학습할 때 만들어져요. 또 뉴런 사이의 특정한 연결을 자주 사용할수록 더 많이 자란답니다. 그만큼 자극의 이동 속도가 더 빨라져요. 여러분이 스케이트를 처음 배울 때는 비틀거리고 넘어지지만 타는 법을 완전히 익힌 뒤에는 씽씽 잘 달리는 것과 같지요. 그러니까 여러분은 저절로 속도를 높여 주는 수초에 감사하는 마음을 가져야 해요.

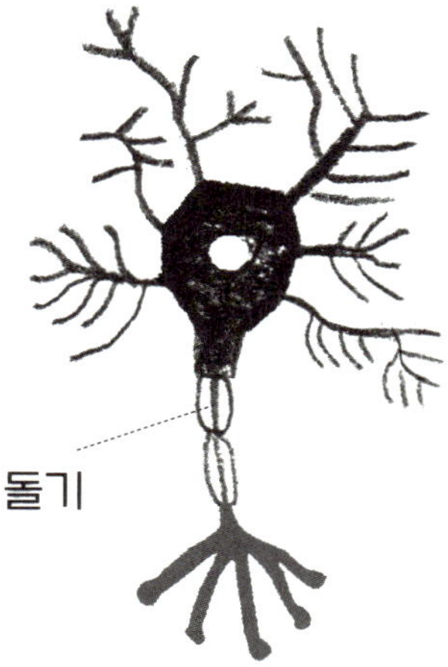

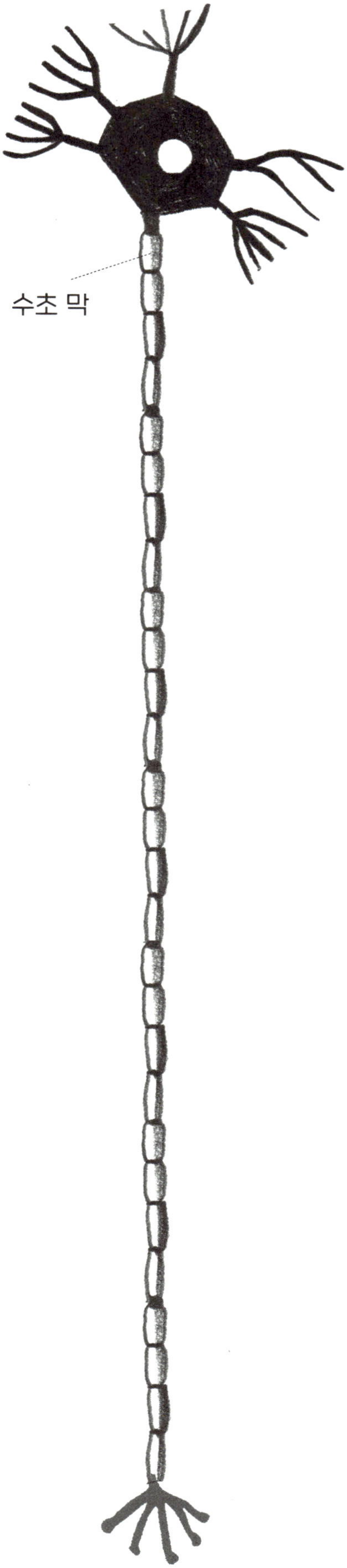

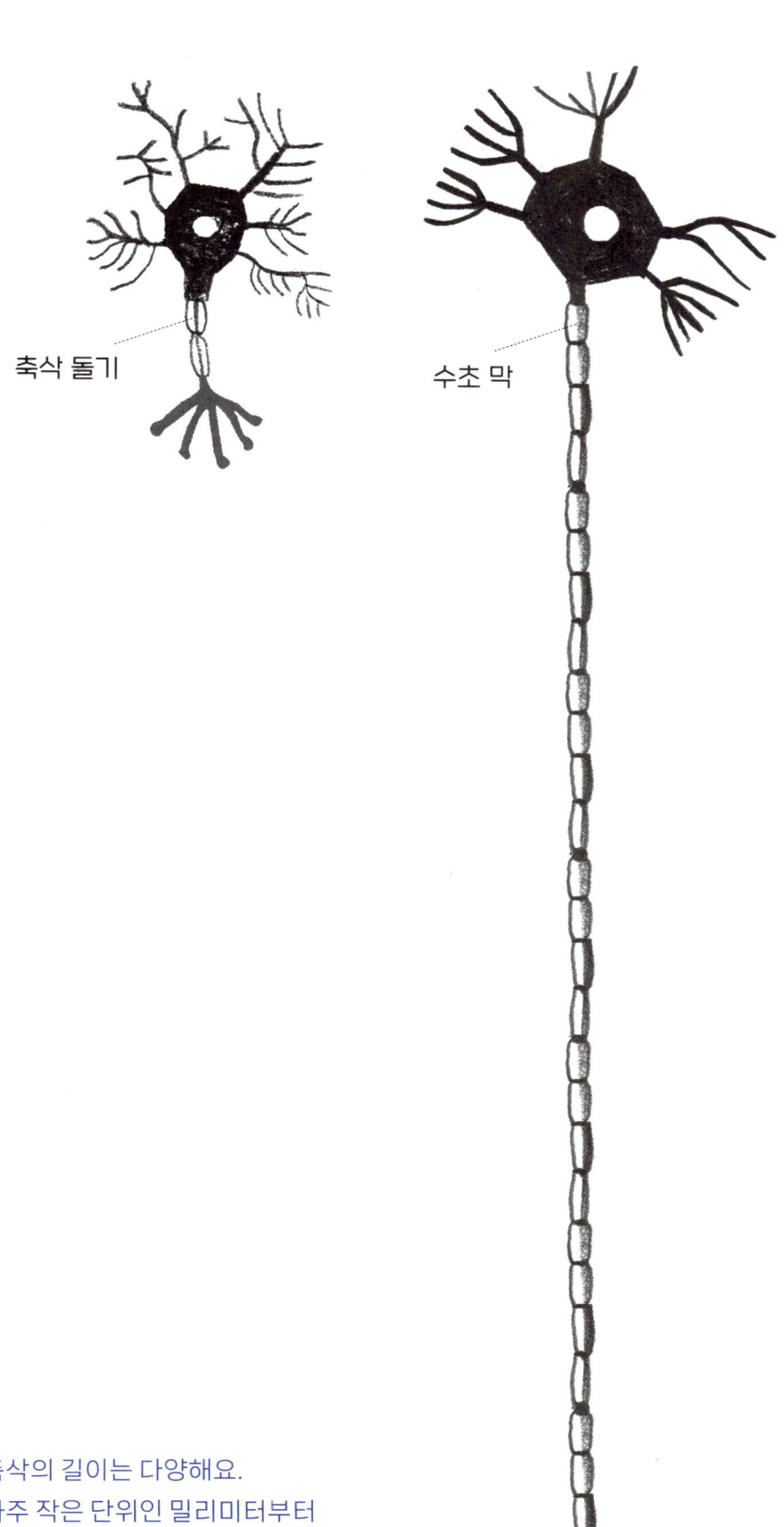

축삭의 길이는 다양해요.
아주 작은 단위인 밀리미터부터
1미터까지 될 수 있어요.

신경 전달 물질: 뇌의 화학적 메신저

뉴런들이 서로 통신하려면 다리만으로는 충분하지 않아요. 메시지가 필요해요. 메시지는 전기 자극과 화학 물질을 통해 전해져요.

신경 전달 물질은 100가지가 넘게 있어요. 어떤 신경 전달 물질은 뇌를 흥분시키고, 또 어떤 신경 전달 물질은 뇌를 진정시켜요. 이러한 신경 전달 물질들이 함께 작동해 뇌 활동을 조절하고 있어요.

》세로토닌

기분이나 소화, 통증 또는 잠자는 주기를 조절하는 데 도움이 돼요. 또 동기를 부여하는 데도 중요하답니다. 세로토닌은 중추 신경계, 즉 뇌에서 생성되지만 놀랍게도 장에서 더 많이 발견된답니다!

》도파민

도파민은 우리를 자극하고, 동기를 일으켜요. 우리가 어떤 일을 하고 그 일로 보상을 받는다고 느낄 때는 도파민이 분비됐을 가능성이 높아요. 도파민은 움직임, 감정, 호르몬 분비와 관련이 있거든요.

》아세틸콜린

맨 처음 발견된 신경 전달 물질로, 우리의 자발적인 움직임, 심박, 수면, 기억, 주의력에 관여하고 있어요.

》노르아드레날린

주의력, 감정, 수면, 학습에 관여하는 호르몬이며, 혈액으로 내보내 심박 수를 늘려 줘요.

》아드레날린

각성 상태, 동기 부여, 주의 집중, 움직임, 혈압 조절, 호르몬 방출에 관여해요.

》엔도르핀

안락한 느낌을 빨리 갖게 해 주고, 통증을 완화하며 면역 체계가 원활하게 작동하는 데 도움을 줘요.

다양한 유형의 뉴런

다음은 피질에서 가장 흔한 다섯 가지 유형의 뉴런이에요. 수많은 뉴런이 피라미드와 별 모양을 하고 있어요. 그중 아교 세포는 매우 중요한 작업을 해요. 예를 들어 영양소를 운반하고, 죽은 뉴런을 청소하고, 소화하고, 뉴런이 자기 자리를 지키는 데 도움을 준답니다!

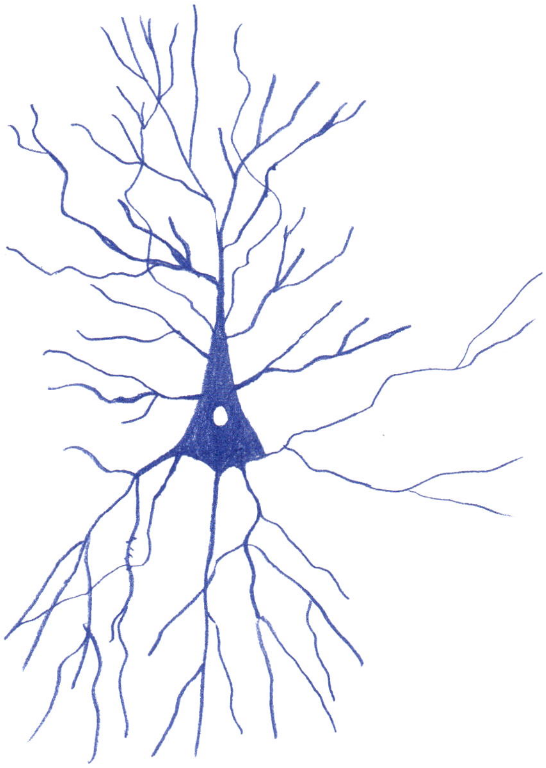

피라미드 뉴런

피라미드 모양의 세포체를 가지고 있어요. 척수를 따라 이동하면서 정보를 보내요. 팔과 다리에 정보를 보내는 큰 운동 뉴런이지요.

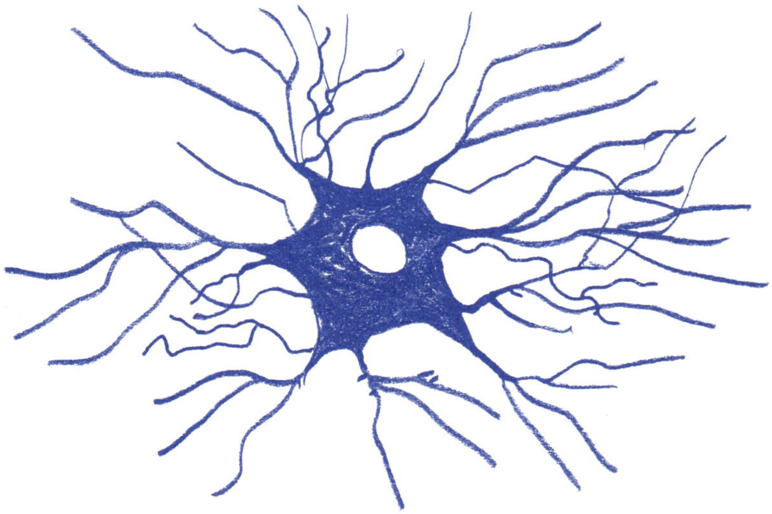

성상 아교 세포

짧은 축삭을 가진 작은 뉴런이에요. 가지를 만드는 여러 수상 돌기 때문에 별 모양으로 보여요. 그래서 '별 아교 세포'라고 불리기도 해요.

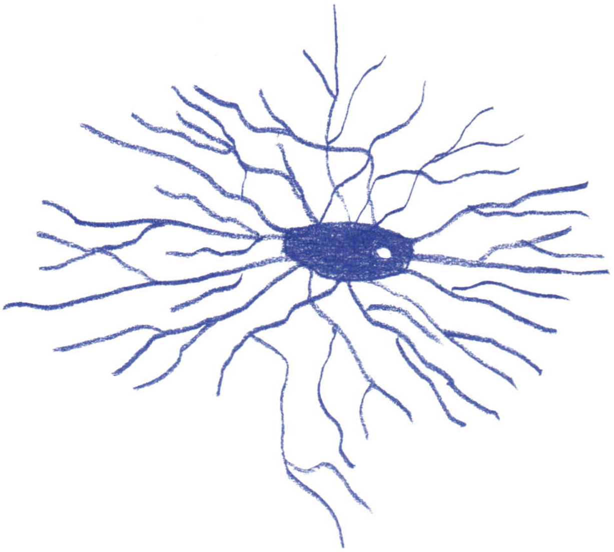

마르티노티 뉴런

짧은 수상 돌기를 가진 다각형 모양의 작은 세포예요. 피질의 모든 층에 있어요.

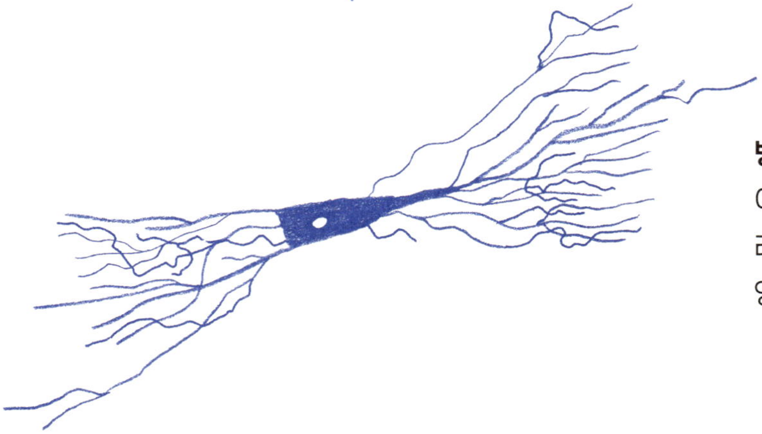

방추형 뉴런

이름에서 알 수 있듯이 양털실을 잣는 물레의 가락처럼 양 끝이 뾰족한 원기둥 모양을 하고 있어요. 깊은 피질 층에 있어요.

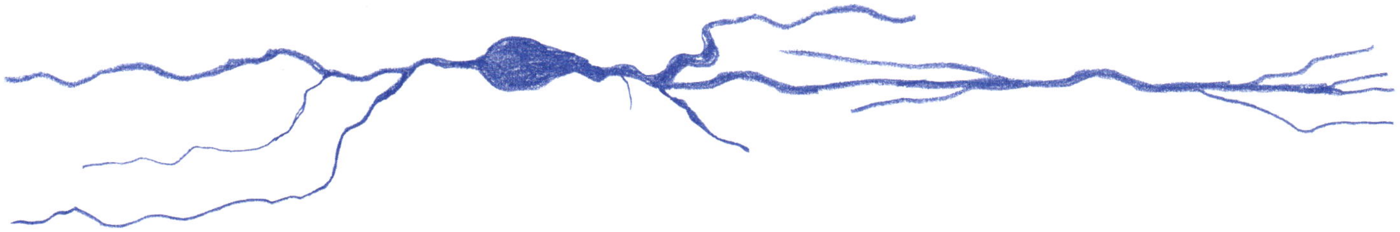

카할의 수평 뉴런

일반적인 유형은 아니에요. 작은 방추형 뉴런이며, 피라미드 세포와 연결되는 피질 표면에만 있어요.

미세 아교 세포

피질의 세포체 중 뉴런의 큰 조력자인 미세 아교 세포는 뉴런을 구조적, 기능적으로 지지하고, 뉴런에 영양을 제공해요.

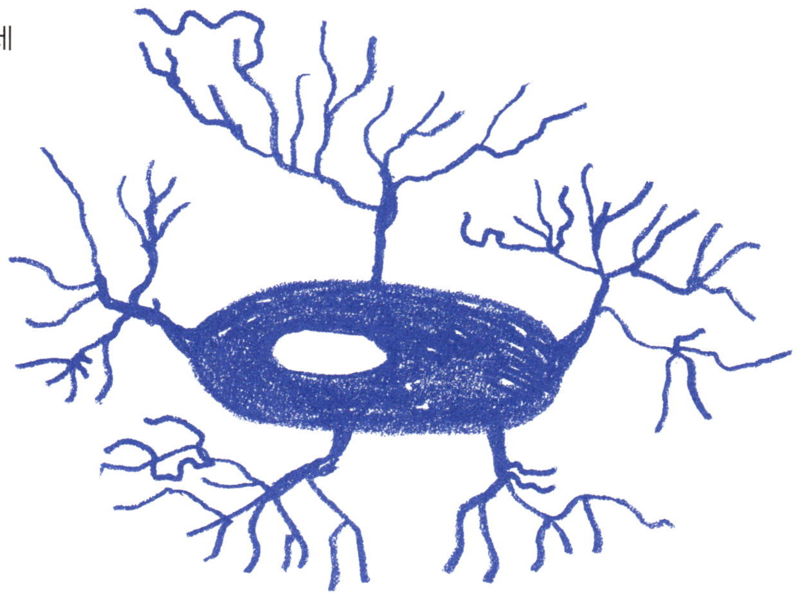

작가의 말

글 이자벨 미뇨스 마르틴스

→ 이 책을 만들게 된 계기는 무엇인가요?

저는 우리가 다른 행성을 여행하는 시대에 사는데, 인간 두뇌의 세계는 여전히 수수께끼로 남아 있다는 사실을 믿을 수 없었어요. 다시 말해 그토록 멀리 떨어져 있는 우주에 대해서는 잘 알면서, 우리 가까이 있는 두뇌의 세계가 어떤지는 잘 모른다는 사실이 놀라웠답니다. 솔직히 말하자면 저 또한 마찬가지였어요. 지금의 일상이나 미래에 대해서는 끊임없이 알아보지만, 제 머릿속에서 일어나는 일에 대해서는 알려고 하지 않았으니까요. 그래서 시간을 들여 인간의 두뇌를 탐구해 보고 싶었답니다.

→ 책을 쓰면서 새로 알게 된 점이 있었나요?

외부의 실상을 알아차리게 해 주는 게 '뇌'라는 사실이었는데요, 감각을 통해 이 실상을 인지하는 과정이 생각보다 훨씬 더 크고 복잡하다는 걸 깨달았어요.

뇌 안에서 순간적인 쾌락과 장기적인 목표 사이에 끊임없는 싸움이 벌어지고 있다는 사실을 알게 됐어요. 그러니까 삶을 주도적으로 이끌어 가기 위해서 머릿속의 이런 현상을 제대로 아는 게 얼마나 중요한지 알 수 있었지요.

→ 책을 쓰면서 아쉬웠던 점은 무엇인가요?

뇌의 주요 임무는 우리가 미래에 보다 나은 결정을 내릴 수 있도록 항상 배운다는 거예요. 하지만 전 세계 학교가 끊임없이 새로운 걸 배우고 싶어 하는 학생들의 욕구를 충족시켜 주지 못하는 게 안타까웠어요. 우리 안에 있는 배움의 열망이 길을 잃지 않도록, 우리의 자세와 학교의 역할에 대해 돌아볼 필요가 있지 않을까요? 이 책이 그에 대한 답이 되길 바라면서 저 또한 저를 돌아본답니다.

글 마리아 마누엘 페드로자

→ 이 책을 만들게 된 계기는 무엇인가요?

제 아들 루카스가 일곱 살 때 신경학적 뇌 질환을 앓았어요. 그때 다른 사람의 감정을 이해하는 능력이 뇌의 어느 영역에서 작동되는지를 탐구하면서 뇌 과학의 여정이 시작됐어요.

그래서 이 책을 함께 쓰자는 제안을 받았을 때 흔쾌히 응했지요. 책을 쓰는 동안 우리가 발견한 뇌의 모든 것을 알게 됐는데, 특히 인류의 오랜 역사 속에서 아직도 밝혀지지 않은 게 많아 놀랐어요. 뇌라는 신체 기관은 알면 알수록 더 탐구할 만한 가치가 있다고 생각했어요.

→ 책을 쓰면서 새로 알게 된 점이 있었나요?

뇌의 가소성, 즉 학습하고 재조정할 수 있는 무한한 능력이에요. 뇌는 '아니요'라는 답을 받아들이지 않고 늘 새로운 길을 찾으려 한다는 거예요. 이 가소성이 바로 우리가 포기하지 않고 큰 도전을 할 수 있게 해 주는 원동력이라는 걸 알 수 있었어요.

→ 책을 쓰면서 아쉬웠던 점은 무엇인가요?

우리가 아직은 초보적이고 불완전한 방식으로만 뇌를 관찰할 수 있다는 점이에요. 예를 들어 어떤 현상을 관찰한 뒤, "포옹의 즐거움은 전기 화학적 신호이다."라는 흥미로운 가정을 내렸다면, 이러한 사실을 증명하는 방법에 한계가 있다는 거예요. 신경 과학 분야에서 오랜 연구 끝에 사실로 밝혀졌지만 개인의 사적인 영역까지 침범하며 실험하지 못하는 게 현실이었어요.

그림 마달레나 마토주

→ 이 책을 만들게 된 계기는 무엇인가요?

저를 가장 매료시키는 것 중 하나는 일상에서 알고 지내는 사람뿐만 아니라 우리가 작품으로 접했던 작가, 음악가, 화가, 심지어 한 번도 본 적이 없는 사람들도 우리 뇌가 인식하고 있다는 사실이에요. 이 모든 사람이 우리 뇌에 영향을 미치기 때문에 뇌는 무한하고 종합적인 구조물 같다고 생각했어요.

또 뇌는 우리가 사는 모습이라는 점이 마음에 들었어요. 뇌는 우리가 기억하는 모든 것이면서, 기억이 곧 뇌라는 사실에 끌렸어요. 우리는 서로 다른 경험을 하며 살아왔고 평생 다른 기억을 쌓아 나가기 때문에 저마다 달라요. 이게 바로 우리가 무언가를 하고 싶게 만드는 원동력이 되지요.

자, 한번 해 봐요! 우리가 나이를 먹고 많은 것을 알게 되더라도, 호기심이 남아 있다면 우리의 뇌는 계속해서 변화할 거예요.

→ 책을 쓰면서 새로 알게 된 점이 있었나요?

고대 그리스에서는 생각과 감정이 심장에 의해 조절된다고 믿었대요. 참 흥미로운 발상이지요? 오늘날 뇌에서 생각과 감정이 일어난다는 사실이 너무나도 분명해졌다는 걸 생각하면 말이에요.

저는 아기가 엄마 배 속에 있을 때 인간의 뇌가 어떻게 변화하는지에 대해서도 궁금했어요. 그러니까 뉴런이 대량 생산되고, 믿을 수 없을 정도로 복잡한 구조를 스스로 만들어 내는 게 놀라웠답니다.

참고 자료

사이트

비영리 단체 '브레인 팩츠(Brain Facts)'
http://www.brainfacts.org/

바이오에드온라인(BioEdOnline)
http://www.bioedonline.org/lessons-and-more/resource-collections/

미국 비영리 재단 '다나 파운데이션' (Dana Foundation)
http://www.dana.org/

학술지 『인간 신경 과학 프런티어스 (*Frontiers in Human Neuroscience*)』
http://home.frontiersin.org/

초중등 학생을 위한 뇌 과학 교육 사이트 (Neuroscience for Kids)
http://home.frontiersin.org/

교실 신경 과학: 아넨베르크 학습자 (Neuroscience in the classroom: Annenberg Learner)
http://www.learner.org/

사이언티픽 아메리칸(Scientific American)
http://www.scientificamerican.com/

더 빅 픽처(The Big Picture)
https://bigpictureeducation.com/thinking

미국 국립 생물 정보 센터(The National Center for Biotechnology Information)
http://www.ncbi.nlm.nih.gov/

뉴욕 타임스: 그레이 매터 (The New York Times: Gray matter)
http://www.bioedonline.org/lessons-and-more/resource-collections/

도서

안토니오 다마지오, **『의식의 책: 주제 및 토론』**, 시르쿨루 드 레이토리스, 2010.

데이비드 이글먼, **『더 브레인』**, 캐넌게이트 북스, 2016.

곤살루 M. 타바레스, **『신체와 상상력의 아틀라스』**, 카미뉴, 2013.